OS BESTIALIZADOS

JOSÉ MURILO DE CARVALHO

Os bestializados
O Rio de Janeiro e a República que não foi

4ª edição
3ª reimpressão

Copyright © by José Murilo de Carvalho

Grafia atualizada segundo o Acordo Ortográfico da Língua Portuguesa de 1990, que entrou em vigor no Brasil em 2009.

Indicação editorial
Francisco Foot Hardman
Nicolau Sevcenko

Capa
Alceu Chiesorin Nunes
a partir de *O carnaval de 1892, Revista Ilustrada*, março de 1892

Revisão
Márcia Copola
Cyntia Panzani
Genulino Santos
Pedro Ribeiro

Índice remissivo
Probo Poletti

Coordenação editorial
Página Viva

Dados Internacionais de Catalogação na Publicação (CIP)
(Câmara Brasileira do Livro, SP, Brasil)

    Carvalho, José Murilo de, 1939
    Os bestializados : O Rio de Janeiro e a República que não foi / José Murilo de Carvalho. — 4ª ed. — São Paulo : Companhia das Letras, 2019.

    Bibliografia.
    ISBN 978-85-359-3087-0

    1. Brasil – História – República Velha, 1889-1930 2. Brasil – Política e governo – 1889-1930 3. Rio de Janeiro (RJ) – Condições sociais 4. Rio de Janeiro (RJ) – História – Revolta da Vacina, 1904 I. Título.

18-13114   CDD-981-53105
Índice para catálogo sistemático:
1. Revolta da Vacina : Rio de Janeiro : Cidade : História 981.53105

Todos os direitos desta edição reservados à
EDITORA SCHWARCZ S.A.
Rua Bandeira Paulista, 702, cj. 32
04532-002 — São Paulo — SP
Telefone: (11) 3707-3500
www.companhiadasletras.com.br
www.blogdacompanhia.com.br
facebook.com/companhiadasletras
instagram.com/companhiadasletras
twitter.com/cialetras

Sumário

Abreviações 6
Agradecimentos 7
Introdução 9

1. O Rio de Janeiro e a República 15
2. República e cidadanias 40
3. Cidadãos inativos: a abstenção eleitoral 63
4. Cidadãos ativos: a Revolta da Vacina 87
5. Bestializados ou bilontras? 132
Conclusão 151

Notas 155
Bibliografia 176
Índice remissivo 186

Abreviações

AGCRJ — Arquivo Geral da Cidade do Rio de Janeiro
AN — Arquivo Nacional
FCRB — Arquivo Histórico. Fundação Casa de Rui Barbosa
MAE — Ministère des Affaires Etrangères. Archives Diplomatiques, Paris
PRO — Public Records Office, Londres
RAE — Repartição do Arquivo e Biblioteca do Ministério dos Assuntos Estrangeiros, Lisboa

Agradecimentos

Os trabalhos incluídos neste volume não poderiam ter sido realizados sem o apoio financeiro da Finep, através do Instituto Universitário de Pesquisas do Rio de Janeiro, e da IBM do Brasil, através do Centro de Estudos Históricos da Fundação Casa de Rui Barbosa.

Agradeço o apoio constante de Francisco de Assis Barbosa, diretor do Centro de Estudos Históricos, e também de Rosa Maria Barboza de Araújo, que deu início no Centro ao projeto "Consolidação da República no Rio de Janeiro", e de Paulo Henrique Coelho, seu continuador. Agradeço ainda a todos os colegas e estagiários do mesmo Centro, particularmente a Pedro Paulo Soares, pela cooperação na coleta de dados, pelos comentários e pelo ambiente de trabalho. Diferentes capítulos beneficiaram-se das críticas de colegas do grupo de estudos sobre Estado e Sociedade da Associação Nacional de Pós-Graduação e Pesquisa em Ciências Sociais, de Jaime Benchimol, Nicolau Sevcenko e Simon Schwartzman. Anita, Beth e Turíbio, do Centro, datilografaram os originais.

Silvia Helena, de maneira não menos real por intransparente, contribuiu para a produção deste livro, que é para Sandra, Jonas e Diogo.

Introdução

Em frase que se tornou famosa, Aristides Lobo, o propagandista da República, manifestou seu desapontamento com a maneira pela qual foi proclamado o novo regime. Segundo ele, o povo, que pelo ideário republicano deveria ter sido protagonista dos acontecimentos, assistira a tudo bestializado, sem compreender o que se passava, julgando ver talvez uma parada militar.[1] Não nos interessa aqui discutir em que medida a observação correspondia à realidade, isto é, em que medida o povo participou ou não da proclamação da República. Há versões contraditórias à espera de uma análise crítica, a qual não será feita neste texto. Interessa-nos, sim, o fato de que um observador participante e interessado tenha percebido a participação do povo dessa maneira; interessa-nos o fato de que três dias após a proclamação esse observador já tenha percebido e confessado o pecado original do novo regime.

Aristides Lobo não estava só na percepção do povo como alheio aos fatos políticos. Seria fácil alinhar várias citações de outros observadores apontando na mesma direção. Basta-nos, no entanto, referir apenas outra frase famosa, agora de um sábio francês há muito residente no Brasil, Louis Couty. Ao analisar a situação sociopolítica da população do país, Couty concluiu que poderia resumi-la em uma frase: "O Brasil não tem povo".[2] Seus olhos franceses não conseguiam ver no Brasil aquela população ativa e organizada a que estava acostumado em seu país de origem. Aristides Lobo pode ter falado por distorção elitista, assim como Couty o pode ter feito por etnocentrismo francês. Ambos eram, todavia, pessoas esclarecidas e interessadas nas mudanças sociais e políticas que fermentavam a seu redor. É preciso que nos perguntemos pelo sentido de suas palavras, pela realidade que lhes possa ter servido de referência.

Tal empreendimento é tanto mais necessário pelo fato de estarmos aqui diante do problema da natureza mesma de nossa vida política. Trata-se da concepção e da prática da cidadania entre nós, em especial entre o povo. Trata-se do problema do relacionamento entre o cidadão e o Estado, o cidadão e o sistema político, o cidadão e a própria atividade política. Tem havido recentemente tendência a ver tal relação de maneira maniqueísta, segundo a qual o Estado é apresentado como vilão e a sociedade como vítima indefesa. Tal visão é quase uma volta à dicotomia clássica estabelecida por Santo Agostinho entre um Estado governado por pecadores, baseado na repressão, e a Cidade de Deus, a sociedade dos santos, sustentada no amor e na cooperação.[3] Nessa perspectiva, a inexistência da cidadania é simplesmente atribuída ao Estado.

Tal visão é insatisfatória, como todas as dicotomias aplicadas ao fenômeno social. Teoricamente, ela separa o que são lados da mesma moeda, partes do mesmo todo. O maniqueísmo inviabiliza mesmo qualquer noção de cidadania, pois ou se aceita o Estado como um mal necessário, à maneira agostiniana, ou se o nega totalmente, à moda anarquista. Na prática, ele acaba por revelar uma atitude paternalista em relação ao povo, ao considerá-lo vítima impotente diante das maquinações do poder do Estado ou de grupos dominantes. Acaba por bestializar o povo. Parece-nos ao contrário que, exceto em casos muito excepcionais e passageiros de sistemas baseados totalmente na repressão, é mais fecundo ver as relações entre o cidadão e o Estado como uma via de mão dupla, embora não necessariamente equilibrada. Todo sistema de dominação, para sobreviver, terá de desenvolver uma base qualquer de legitimidade, ainda que seja a apatia dos cidadãos.

O momento de transição do Império para a República é particularmente adequado para o estudo dessa questão. Tratava-se da primeira grande mudança de regime político após a independência. Mais ainda: tratava-se da implantação de um sistema de governo que se propunha, exatamente, trazer o povo para o proscênio da atividade política. A República, na voz de seus propagandistas mais radicais, como Silva Jardim e Lopes Trovão, era apresentada com a irrupção do povo na política, na melhor tradição da Revolução Francesa de 1789, a "revolução adorada", como a chamava Silva Jardim. O regime monárquico, vivendo à sombra do Poder Moderador, era condenado pelo manifesto republicano de 1870 como incompatível com a soberania nacional, que só poderia ser baseada na vontade popular. O jornal *Revolução*, publicado no Rio em 1881 por um funcionário demitido da Alfândega, Fávila Nunes, conclamava o povo, segundo ele roubado em seus direitos pelo governo monárquico, a empunhar "o estandarte da liberdade — a bandeira da República — no meio da praça pública, ao som da Marselhesa, proclamando a soberania popular".[4]

Embora proclamado sem a iniciativa popular, o novo regime despertaria entre os excluídos do sistema anterior certo entusiasmo quanto às novas possibilidades de participação. O jornal *Voz do Povo*, também do Rio de Janeiro, cuja publicação foi iniciada menos de dois meses após a proclamação da República, referiu-se a uma nova era para o operário brasileiro trazida pelo novo regime, comparável à que foi aberta pela Revolução de 1789. No regime antigo, segundo o articulista do jornal, os operários eram os servos da gleba, a canalha, com todos os deveres e nenhum direito. Agora eram livres, iguais e soberanos, viam-se colocados na vanguarda do progresso da pátria. E terminava: "Saibamos ser operários e cidadãos de uma pátria livre".[5]

Logo no começo de 1890 houve várias tentativas de organizar um partido operário, e um dos militantes mais envolvidos, Luiz da França e Silva, dizia em seu jornal *Echo Popular*: "A palavra — República — foi por muito tempo o símbolo exclusivo das aspirações democráticas, e o grito — viva a República — tem um longo passado de sedição e irrompe naturalmente do povo quando ele se reúne para deliberar".[6]

Além de o momento ser propício, era-o também o local, o ambiente, em que pretendemos realizar o estudo — a cidade do Rio de Janeiro. As cidades foram tradicionalmente o lugar clássico do desenvolvimento da cidadania. O cidadão era, até etimologicamente, o habitante da cidade. Nelas se tornou possível a libertação do poder privado dos senhores feudais. Nelas foi que aos poucos se desenvolveram a noção e a prática de um sistema de governo montado sobre o pertencimento individual a uma coletividade. O burguês foi o primeiro cidadão moderno.[7]

O Rio de Janeiro dos primeiros anos da República era a maior cidade do país, com mais de 500 mil habitantes. Capital política e administrativa, estava em condições de ser também, pelo menos em tese, o melhor terreno para o desenvolvimento da cidadania. Desde a independência e, particularmente, desde o início do Segundo Reinado, quando se deu a consolidação do governo central e da economia cafeeira na província adjacente, a cidade passou a ser o centro da vida política nacional. O comportamento político de sua população tinha reflexos imediatos no resto do país. A proclamação da República é a melhor demonstração dessa afirmação. Campos Sales já percebia, como propagandista, que a falta de coesão do Partido Republicano na corte era o principal obstáculo ao desenvolvimento da ideia republicana.[8] E a proclamação, afinal, resultou de um motim de soldados com o apoio de grupos políticos da capital.

Com essa sumária justificativa do tempo e lugar do estudo — a ser desenvolvida no correr do trabalho — já fica evidente que havia algo mais na política do que simplesmente um povo bestializado. Tentar entender que povo era este, qual seu imaginário político e qual sua prática política será a tarefa que enfrentaremos ao longo dos capítulos deste livro. O estudo começará por uma descrição da cidade do Rio de Janeiro no início da República, com ênfase especial nas transformações sociais, políticas e culturais trazidas pelo fim de século. O capítulo seguinte examinará as várias concepções de cidadania vigentes à época da mudança do regime. Depois, tentar-se-á examinar o mundo dos cidadãos assim como ele se verificava na capital da República através da participação eleitoral. O quarto capítulo será dedicado ao estudo de uma ação política exemplar — no sentido político e moral — da população: a Revolta da Vacina. Por fim, o capítulo quinto procurará reconstituir o mundo da cidadania no Rio de Janeiro e buscar razões para explicá-lo.

Embora se trate de uma investigação de natureza histórica, não resta dúvida de que o problema da cidadania continua no centro da preocupação de todos nos dias de hoje, quando mais uma mudança de regime se efetua e mais uma tentativa é feita no sentido de construir a comunidade política brasileira. A historiografia é aqui, uma vez mais, projeção do presente e instrumento de tentativa de construção da história. Diziam os positivistas que os mortos governavam os vivos, o passado o presente. Ao reler a história com os olhos de hoje talvez pudéssemos dizer que os vivos, ao tentar reconstruir o passado, tentam governar os mortos na ilusão de poderem governar a si próprios. Ou, em versão pessimista, na frustração de o não poderem fazer.

1987

1. O Rio de Janeiro e a República*

Não seria exagero dizer que a cidade do Rio de Janeiro passou, durante a primeira década republicana, pela fase mais turbulenta de sua existência. Grandes transformações de natureza econômica, social, política e cultural, que se gestavam há algum tempo, precipitaram-se com a mudança do regime político e lançaram a capital em febril agitação, que só começaria a ceder ao final da década. O que se lerá a seguir será a tentativa de descrever sumariamente a natureza dessas mudanças e examinar as consequências delas advindas para a vida dos fluminenses. Atenção especial será dada ao impacto do novo regime, que se pretendia ancorado na opinião pública, na formação de uma comunidade política na antiga capital do Império.

A análise concentrar-se-á na fase inicial de consolidação do novo regime, estendendo-se até o final do governo Rodrigues Alves, quando já estavam nitidamente definidos os vitoriosos e os

---

* Versão modificada deste capítulo foi publicada em *Revista Brasileira de História*, 5 (8-9): 117-38, set. 1984/abr. 1985.

vencidos e estabelecidos os rumos e a natureza da política republicana tanto para o país como para a capital. No que se refere a esta, estavam definidos não só o papel que lhe caberia como também as regras para representá-lo.

Como a maior cidade e a capital econômica, política e cultural do país, o Rio de Janeiro não poderia deixar de sentir, em grau mais intenso do que qualquer outra cidade, as mudanças que vinham fermentando durante os últimos anos do Império e que culminaram na abolição da escravidão e na proclamação da República. A mudança de regime, com todas as expectativas que trazia e também com todas as dificuldades que implicava, como que projetou luz intensa sobre as novas realidades, tornando a vivência delas também mais intensa e mais difundida. De uma maneira ou de outra, para melhor ou para pior, grande parte dos fluminenses foi pela primeira vez envolvida nos problemas da cidade e do país. Essa consciência nova e ampliada e as consequências que gerava, antes mesmo que mudanças quantitativas, caracterizaram o Rio da primeira década republicana.

Mas as alterações quantitativas são inescapáveis. A primeira delas foi de natureza demográfica. Alterou-se a população da capital em termos de número de habitantes, de composição étnica, de estrutura ocupacional. A abolição lançou o restante da mão de obra escrava no mercado de trabalho livre e engrossou o contingente de subempregados e desempregados. Além disso, provocou um êxodo para a cidade proveniente da região cafeeira do estado do Rio e um aumento na imigração estrangeira, especialmente de portugueses. Os índices de crescimento da população podem ser vistos na tabela 1.

Vê-se que a década que precedeu a República apresenta o maior crescimento populacional relativo. Em termos absolutos, tem-se que a população quase dobrou entre 1872 e 1890, passando de 266 mil a 522 mil. A cidade teve ainda de absorver uns

200 mil novos habitantes na última década do século. Só no ano de 1891, entraram 166 321 imigrantes, tendo saído para os estados 71 264. Esse enorme influxo populacional fazia com que, em 1890, 28,7% da população fosse nascida no exterior e 26% dela proviesse de outras regiões do Brasil. Assim, apenas 45% da população era nascida na cidade.

Tabela 1
CRESCIMENTO ANUAL DA POPULAÇÃO DO RIO DE JANEIRO, 1872-1906

Anos	Crescimento anual (%)
1872-1880	3,84
1880-1890	4,54
1890-1900	3,23
1900-1906	2,91

FONTE: *Anuário Estatístico do Brazil* (1908-1912). v. 1., p. XVIII.

Outro resultado importante da intensa imigração era o desequilíbrio entre os sexos. Em 1890, entre os estrangeiros, os homens eram mais que o dobro das mulheres. Na população total, a predominância do sexo masculino girava em torno de 56%. O desequilíbrio refletia-se no índice de nupcialidade, que era apenas de 26% entre os homens brancos e caía para 12,5% entre os negros em 1890.[1] Em verdade, quanto a esse ponto tinha havido alguma melhoria em relação a 1872, mas permanecia muito alto o número de solteiros e, portanto, muito baixo o número de famílias regularizadas.

Uma terceira consequência do rápido crescimento populacional foi o acúmulo de pessoas em ocupações mal remuneradas ou sem ocupação fixa. Domésticos, jornaleiros, trabalhadores em ocupações mal definidas chegavam a mais de 100 mil pessoas em 1890 e a mais de 200 mil em 1906 e viviam nas tênues fronteiras entre a legalidade e a ilegalidade, às vezes participando simultaneamente de ambas. Pouco antes da República, o embaixador português anotava: "Está a cidade do Rio de Janeiro cheia de gatunos e malfeitores de todas as espécies". Em proposta para regulamentação do serviço doméstico, feita à Intendência Municipal em 1892, Evaristo de Moraes observava que havia na capital "gente desocupada em grande quantidade, sendo notável o número de menores abandonados".[2]

Essa população poderia ser comparada às classes perigosas ou potencialmente perigosas de que se falava na primeira metade do século xix. Eram ladrões, prostitutas, malandros, desertores do Exército, da Marinha e dos navios estrangeiros, ciganos, ambulantes, trapeiros, criados, serventes de repartições públicas, ratoeiros, recebedores de bondes, engraxates, carroceiros, floristas, bicheiros, jogadores, receptadores, pivetes (a palavra já existia). E, é claro, a figura tipicamente carioca do capoeira, cuja fama já se espalhara por todo o país e cujo número foi calculado em torno de 20 mil às vésperas da República.[3] Morando, agindo e trabalhando, na maior parte, nas ruas centrais da Cidade Velha, tais pessoas eram as que mais compareciam nas estatísticas criminais da época, especialmente as referentes às contravenções do tipo desordem, vadiagem, embriaguez, jogo. Em 1890, essas contravenções eram responsáveis por 60% das prisões de pessoas recolhidas à Casa de Detenção.

Anote-se ainda o impacto do crescimento populacional acelerado sobre as condições de vida, com as consequentes pressões sobre a administração municipal. Agravaram-se muito os problemas de habitação, tanto em termos de quantidade quanto de qualidade. A "absoluta falta" de casas, especialmente para os pobres, foi salientada em 1892 pela Sociedade União dos Proprietários e Arrendatários de Prédios, que a atribuía à imigração. A Sociedade solicitava à Inspetoria de Higiene que fosse mais cautelosa ao mandar fechar habitações, pelas consequências que a medida poderia acarretar.[4] Os velhos problemas de abastecimento de água, de saneamento e de higiene viram-se agravados de maneira dramática no início da República com o mais violento surto de epidemias da história da cidade. O ano de 1891 foi particularmente trágico, pois nele coincidiram epidemias de varíola e febre amarela, que vieram juntar-se às tradicionais matadoras, a malária e a tuberculose. Nesse ano, a taxa de mortalidade atingiu seu mais alto nível, matando 52 pessoas em cada mil habitantes. Até 1896, a mortalidade permaneceu acima de 35 por mil, com a única exceção de 1893. A cidade tornara-se, sobretudo no verão, um lugar perigoso para viver, tanto para nacionais quanto para estrangeiros. Nos meses de maior calor, o corpo diplomático fugia em bloco para Petrópolis a fim de escapar às epidemias, nem sempre com êxito. O governo inglês concedia a seus diplomatas um adicional de insalubridade pelo risco que corriam representando Sua Majestade.

Não terminavam aí as atribulações por que passava a capital. Pelo lado econômico e financeiro, os tempos também foram de grandes agitações. Novamente a origem de tudo remontava à abolição da escravidão. Não é necessário repetir em pormenores uma história já bem sabida. Basta lembrar que, devido à necessidade de aplacar os cafeicultores, especialmente do estado do Rio, e de atender a uma demanda real de moeda para o pagamento de salários, o governo imperial começou a emitir dinheiro, no que foi seguido com entusiasmo pelo governo provisório, este preocupado também em conquistar simpatias para o novo regime. Concedido o direito de emitir a vários bancos, a praça do Rio de Janeiro foi inundada de dinheiro sem nenhum lastro, seguindo-se a conhecida febre especulativa, bem descrita no romance de Taunay, *O Encilhamento*. Segundo um jornal da época, "todos jogaram, o negociante, o médico, o jurisconsulto, o funcionário público, o corretor, o zangão; com pouco pecúlio próprio, com muito pecúlio alheio, com as diferenças do ágio, e quase todos com a caução dos próprios instrumentos do jogo".[5] Falta acrescentar à lista de especuladores os fazendeiros do estado do Rio de Janeiro, que afluíram à capital para jogar na especulação o dinheiro dos empréstimos. Os anos de 1890 e 1891 foram de loucura, segundo a expressão de um observador estrangeiro, o qual acrescenta ter havido corretores que obtinham lucros diários de 50 a 100 contos e que uma oscilação do câmbio fazia e desfazia milionários.[6] Por dois anos, o novo regime pareceu uma autêntica república de banqueiros, onde a lei era enriquecer a todo custo com dinheiro de especulação.

As consequências não se fizeram esperar. Desde logo, houve enorme encarecimento dos produtos importados devido ao aumento da demanda e ao consumo conspícuo dos novos ricos. A seguir, a inflação generalizada e a duplicação dos preços já em 1892. Ao mesmo tempo, começou a queda do câmbio, encarecendo mais ainda os produtos de importação, que na época abrangiam quase tudo. Em 1892, já era necessário o dobro de mil réis para comprar uma libra esterlina; em 1897, o triplo. Por cima, o governo aumentou os impostos de importação e passou a cobrá-los em ouro, o que contribuiu ainda mais para o agravamento do custo de vida. Até o embaixador inglês sofreu as consequências quando um funcionário da embaixada pediu aumento de salário, demonstrando com listas de preços que seus 70$000 mensais não eram mais suficientes para sobreviver. O embaixador encaminhou favoravelmente o pedido ao Foreign Office, dizendo que os salários não tinham acompanhado o aumento dos preços, e terminou seu ofício com uma tirada de orador popular: "[...] até quando podemos esperar que o povo brasileiro aceite carregar tal peso?". Com efeito, segundo alguns cálculos, no primeiro quinquênio republicano houve aumento de 100% nos salários para um aumento de mais de 300% nos preços.[7]

Artur Azevedo reflete a situação em *O Tribofe*, escrito em 1892:

Das algibeiras some-se o cobre,
Como levado por um tufão:
Carne de vaca não come o pobre,
Qualquer dia não come pão.
Fósforos, velas, couve, quiabos,
Vinho, aguardente, milho, feijão,
Frutas, conservas, cenouras, nabos...
Tudo se vende pr'um dinheirão![8]

O aumento no custo de vida era agravado pela imigração, que ampliava a oferta de mão de obra e acirrava a luta pelos escassos empregos disponíveis. Tal situação constituiu o combustível para o movimento jacobino, que principiou no governo Floriano e perdurou até o fim da presidência de Prudente de Morais (1898). O jacobinismo elegeu como principal alvo de suas iras os portugueses, considerados usurpadores de empregos e exploradores dos brasileiros através do controle que exerciam sobre grande parte do comércio e das casas de aluguel.[9] Pelo meio da década, a queda dos preços do café contribuiu para agravar a crise e o país entrou em fase de deflação e recessão econômica, de que só começou a sair ao final do governo Campos Sales, no início do novo século.

Já foram mencionados alguns fatos políticos. Foi a política outro aspecto, e talvez o mais saliente, das transformações e abalos sofridos pela capital federal. A proclamação da República trouxe grandes expectativas de renovação política, de maior participação no poder por parte não só de contraelites mas também de camadas antes excluídas do jogo político. O fato de ter sido o novo regime proclamado por movimento que se desenrolara totalmente na capital, para surpresa de quase todas as províncias, veio contribuir ainda mais para as expectativas da população. Por quase uma década, o Rio seria a arena em que os destinos nacionais se decidiriam. Depois da independência, era o momento de maior glória, de maior visibilidade para a capital, transformada em foco das atenções de todo o país. Acontecimentos, por banais que fossem, assumiam importância desmedida em função da ressonância produzida pela situação privilegiada em que se achava a cidade. Uma tentativa de assassinato, um empastelamento de jornal, uma greve, uma revolta de quartel ou de navio, que abalassem a capital, reverberavam pelo país inteiro.

Pela expectativa despertada, pelas lutas a que deram início e mesmo por razões diretamente vinculadas à política, os primeiros anos da República foram de repetidas agitações e de quase permanente excitação para os fluminenses. Os militares tinham provado o poder que desde o início da Regência lhes fugira das mãos. Daí em diante julgaram-se donos e salvadores da República, com o direito de intervir assim que lhes parecesse conveniente. Rebelavam-se quartéis, regimentos, fortalezas, navios, a Escola Militar, a esquadra nacional em peso. Generais brigavam entre si, ou com almirantes, o Exército brigava com a Armada, a polícia brigava com o Exército. Por seis meses, a esquadra rebelada bloqueou o porto e bombardeou partes da cidade, causando pânico, deslocamentos maciços de população para os subúrbios, ameaças de saques. Os operários, ou parte deles, acreditaram nas promessas do novo regime, tentaram organizar-se em partidos, promoveram greves, seja por motivos políticos, seja em defesa de seu poder aquisitivo erodido pela inflação.[10] Ferroviários, marítimos, estivadores, cocheiros e condutores de bondes fizeram sua entrada no cenário político, promovendo as primeiras paralisações da capital, que dependia do funcionamento da rede ferroviária e do porto, pois daí provinha todo o seu abastecimento. Pequenos proprietários, empregados, funcionários públicos também se mobilizaram pela primeira vez no bojo da xenofobia florianista, organizando clubes jacobinos e batalhões patrióticos. Os jacobinos mantiveram um clima generalizado de tensão política, especialmente durante a campanha de Canudos no governo de Prudente de Morais. Quebravam jornais, promoviam arruaças, vaiavam congressistas, espancavam e matavam portugueses, perseguiam monarquistas, assassinavam inimigos. Em 1897 tentaram matar o presidente da República, depois de terem feito o mesmo com o último presidente do conselho de ministros da Monarquia. Políticos republicanos e monarquistas assinavam manifestos, envolviam-se em conspirações, planejavam golpes.

Talvez o único setor da população a ter sua atuação comprimida pela República tenha sido o dos capoeiras. Logo no início do governo provisório foram perseguidos pelo chefe de polícia, presos e deportados em grande número para Fernando de Noronha. Sampaio Ferraz vingava-se desse modo das hostilidades sofridas pelos propagandistas da República, entre os quais figurara, por parte dos capoeiras incorporados à Guarda Negra. Não conseguiu destruí-los, mas domesticou-os criando condições para sua reincorporação ao novo sistema em termos mais discretos. Também não houve tolerância alguma para com os anarquistas estrangeiros que pela primeira vez aportaram às praias fluminenses. Para eles, a República mostrou logo sua face violenta, expulsando-os sem maiores delongas. Durante o governo de Floriano Peixoto foram expulsos 76 estrangeiros. Destes, 36 por crimes políticos, dezenove expressamente sob acusação de anarquismo. As deportações faziam-se por simples decreto presidencial, precedendo solicitação do chefe de polícia. O primeiro decreto data de 14 de agosto de 1893.[11]

Por último, é preciso mencionar também a movimentação que se deu no mundo das ideias e das mentalidades. A República não produziu correntes ideológicas próprias ou novas visões estéticas. Mas, por um momento, houve um abrir de janelas, por onde circularam mais livremente ideias que antes se continham no recatado mundo imperial. Criou-se um ambiente que Evaristo de Moraes chamou com felicidade de porre ideológico, e que poderíamos também chamar, sob a inspiração de Sérgio Porto, de maxixe do republicano doido. Nesse porre, ou nesse maxixe, misturavam-se, sem muita preocupação lógica ou substantiva, várias vertentes do pensamento europeu. Algumas delas já tinham sido incorporadas durante o Império, como o liberalismo e o positivismo; outras foram impulsionadas, como o socialismo; outras ainda foram somente então importadas, como o anarquismo. Entre os republicanos históricos, havia os que se ligavam à corrente liberal spenceriana e federalista, à moda de Alberto Sales e dos paulistas em geral, e os que se inspiravam antes na tradição da Revolução Francesa, que favorecia uma visão mais rousseauniana do pacto social, mais popular e centralista, ao estilo de Silva Jardim, Lopes Trovão, Joaquim Serra. E havia ainda os positivistas, que exultaram com o advento do novo regime, julgando ter chegado a hora, a que se consideravam destinados, de exercerem a tutela intelectual sobre a nação. Mas mesmo entre eles houve divisões — entre a ortodoxia da Igreja Positivista e as variantes civil e militar, que da doutrina retiravam apenas os aspectos que mais interessavam à ação política.

Descendo um pouco na escala social, intelectuais de classe média e artesãos qualificados, como os gráficos, viram sua possibilidade de intervir na política através de propostas de natureza socialista. Lançaram jornais de propaganda e tentaram formar organizações que pudessem traduzir em ação concreta seus princípios. Acreditavam na possibilidade de democratizar a República indo além das propostas liberal e positivista que predominavam entre os históricos. Finalmente, um pouco mais tarde, já no bojo do desencanto com a pouca ou nenhuma sensibilidade do novo regime para reformas democratizantes, surgiram as propostas anarquistas, trazendo alternativas radicais para a organização política do país. À frente dos novos propagandistas estariam intelectuais de classe média e líderes operários, estrangeiros e brasileiros. O capítulo seguinte desenvolverá melhor esse tópico.

Mais importante que a circulação de ideias talvez tenha sido a nova atitude dos intelectuais em relação à política. Da invasão da Câmara Municipal a 15 de novembro de 1889, antes mesmo de proclamada a República, participaram vários intelectuais. Alguns, por certo, antigos militantes do movimento abolicionista, como José do Patrocínio, mas outros pela primeira vez movidos à ação política concreta, como Olavo Bilac, Luís Murat, Pardal Mallet. Um mês depois, intelectuais do Rio enviaram um manifesto de entusiástico apoio ao governo provisório, em que se referiam à aliança entre os homens de letra e o povo. A pátria, dizia o manifesto, abrira as asas rumo ao progresso, "a literatura vai desprender também o voo para acompanhá-la de perto".[12] O entusiasmo durou até o governo Floriano, quando se deu um cisma entre os intelectuais, e alguns dos antigos entusiastas da República tiveram de fugir da capital para evitar a prisão. Como exemplo de perseverança e de fé, já agora obcecada, nos ideais de um republicanismo jacobino, restaria apenas Raul Pompeia. Seu suicídio em dezembro de 1895, alguns meses após a morte de Floriano, foi o trágico símbolo do fracasso de uma alternativa política, assim como a fuga de Bilac, Guimarães Passos e outros indicava que não seria tão fácil estabelecer os parâmetros de uma convivência pacífica entre a República da política e a República das letras. A convivência se daria mais tarde em termos algo distintos dos imaginados inicialmente.

Mais difícil de avaliar é o impacto da proclamação do novo regime a nível das mentalidades. Entre as elites, houve sem dúvida a sensação geral de libertação, que atingiu não só o mundo das ideias mas também o dos sentimentos e das atitudes. Não há estudos sobre esse ponto, mas não seria exagerado dizer que a saída da figura austera e patriarcal do velho imperador, que imprimia forte marca em toda a elite política e mesmo em setores mais amplos da população, significou a emancipação dos que seriam simbolicamente seus filhos. A mudança parece ter sido importante sobretudo no que se refere a padrões de moral e de honestidade. A começar por esta última, vimos que o encilhamento trouxe uma febre de enriquecimento a todo custo, escandalizando velhos monarquistas, como o visconde de Taunay, que via no fenômeno uma degradação da alma nacional. Como diriam os jornais da época, "a República é a riqueza!".[13] Poderíamos dizer que se deu uma vitória do espírito do capitalismo desacompanhado da ética protestante. Desabrochou o espírito aquisitivo solto de qualquer peia de valores éticos, ou mesmo de cálculo racional que garantisse a sustentação do lucro a médio prazo. Era um capitalismo predatório, fruto típico do espírito bandeirante na concepção que lhe deu Viana Moog. O que antes era feito com discrição, ou mesmo às escondidas, para fugir à vigilância dos olhos imperiais, agora podia ser gritado das janelas ou dos coches, era quase motivo de orgulho pessoal e de prestígio público. Os heróis do dia eram os grandes especuladores da bolsa.

A quebra de valores antigos foi também acelerada no campo da moral e dos costumes. Certamente, o Rio há muito deixara de ser exemplo de vida morigerada, se é que alguma vez o foi. Os altos índices de população marginal e de imigração, o desequilíbrio entre os sexos, a baixa nupcialidade, a alta taxa de nascimentos ilegítimos são testemunhos seguros de costumes mais soltos. Aponta na mesma direção o romance de Manuel Antônio de Almeida, *Memórias de um sargento de milícias*, escrito em 1853. Mas, novamente, parece-me que o que antes era semiclandestino, sussurrado, adquiriu com a República, se excetuarmos o governo de Floriano, foros de legitimação pública. O pecado popularizou-se, personificou-se. Na revista do ano de Artur Azevedo, *O Rio em*

1877, domina a temática política e os personagens são todos simbólicos, como o Boato, a Política, o Zé Povinho etc. Já em *O Tribofe*, revista apresentada no início de 1892, o engano, a sedução, a exploração, a mutreta, o tribofe, enfim, aparecem encarnados em pessoas muito reais e possuem até mesmo certo charme. Entre jogadores, cocotes, bons-vivants, fraudadores de corridas, proprietários exploradores, perde-se a virtude da família interiorana. Primeiro, some a empregada, seduzida por um personagem que se diz lançador de mulheres, ou seja, formador de prostitutas; a seguir, vai o próprio fazendeiro nos braços de uma cocote; finalmente, desaparece o filho em agitações estudantis. Todos pegam o "micróbio da pândega". Se do ar da cidade medieval se dizia que tornava livre social e politicamente, do ar do Rio pode-se dizer que libertava moralmente. Ou, como diz em *O Tribofe* Quinota, a filha do fazendeiro, referindo-se ao pai: "Respirou o ar desta terra, e perdeu a cabeça"; e completa: "Aqui há muita liberdade e pouco escrúpulo... faz-se ostentação do vício e das grandezas [...] Não se respeita ninguém".[14] Não por acaso, *A Cidade do Rio*, jornal de Patrocínio, representava-se como uma mulher nua, e assim aparecia em desenhos dialogando com Deodoro, para a suprema irritação do austero soldado (ver caderno de fotos).

Tal liberação se deu a despeito da ação moralista de certas autoridades republicanas. O chefe de polícia de Deodoro perseguiu os capoeiras, e todo o governo Floriano teve uma cara repressora. O jogo, as apostas foram reprimidos, e tentou-se acabar com o entrudo. Porém a jogatina da bolsa, favorecida pelo governo provisório, tinha dado o tom. Apesar da ação das autoridades, quando havia tal ação, abriram-se cassinos, casas de corrida, frontões, belódromos, que vieram juntar-se ao tradicional jogo do bicho, ou dos bichos, como se dizia na época, e às casas clandestinas de jogo. A confiança na sorte, no enriquecimento sem esforço em contraposição ao ganho da vida pelo trabalho honesto parece ter sido incentivada pelo surgimento do novo regime. É o que revela o testemunho insuspeito de Raul Pompeia: "Desaprendeu-se a arte honesta de fazer a vida com o natural e firme concurso do tempo, do trabalho. Era preciso melhorar, mas de pronto: ao jogo pois!", publicado no *Jornal do Commercio*, a 4 de janeiro de 1892. E pedia, para a salvação da República, o fim da "epidemia de jogatina".

Mas há um ponto que é preciso salientar. O fato de a República ter favorecido o grande jogo da bolsa e perseguido capoeiras e o pequeno jogo dos bicheiros sugere uma recepção diferente do novo regime por parte do que poderia ser chamado de proletariado da capital. A euforia inicial, a sensação de que se abriam caminhos novos de participação parecem não ter atingido esse setor da população. Eu diria mesmo que a Monarquia caiu quando atingia seu ponto mais alto de popularidade entre essa gente, em parte como consequência da abolição da escravidão. A abolição deu ensejo a imensos festejos populares que duraram uma semana e se repetiram no ano seguinte, cinco meses antes da proclamação da República. A simpatia popular se dirigia não só à princesa Isabel, mas também a Pedro II, como ficou evidenciado por ocasião da comemoração do aniversário do velho imperador, a 2 de dezembro de 1888. Segundo o testemunho do republicano Raul Pompeia, o Paço Imperial foi invadido por "turba imensa de populares, homens de cor a maior parte". A polícia teve de intervir para convencer alguns dos manifestantes de que pelo menos vestissem camisa para se apresentarem ao imperador. No meio da multidão, salientava-se a imponente figura do príncipe Obá, um negro que se dizia rei africano. Príncipe Obá adornara de penas sua farda de alferes honorário.[15] A cena foi sem dúvida motivo de riso e chacota, e príncipe Obá acabou sendo preso pela polícia. Mas revelava profundo simbolismo: um rei negro, um rei das ruas e becos da cidade, vai paramentado, combinando a farda do mundo oficial com as penas de suas origens africanas, e acolitado pela multidão dos miseráveis saudar o imperador de olhos azuis.

A reação negativa da população negra à República manifestou-se antes mesmo da proclamação, através da Guarda Negra organizada por José do Patrocínio. Vários incidentes verificaram-se entre os propagandistas e a Guarda. O mais sério de todos se deu com a interrupção, que resultou em mortos e feridos, de uma conferência de Silva Jardim, em dezembro de 1888, na Sociedade Francesa de Ginástica. Dizer que se tratava apenas de capoeiras baderneiros manipulados pela polícia, como o fizeram os republicanos e até mesmo Rui Barbosa, não basta. Permanece o fato de que os republicanos não conseguiram a adesão do setor pobre da população, sobretudo dos negros. O próprio Silva Jardim, ao acompanhar o conde d'Eu em sua viagem ao norte do país em 1889, experimentaria mais uma vez, em Salvador, a ira da população negra. Por ele e pela República manifestaram-se apenas os estudantes da Faculdade de Medicina local. A simpatia dos negros pela Monarquia reflete-se na conhecida ojeriza que Lima Barreto, o mais popular romancista do Rio, alimentava pela República. Neto de escravos, filho de um protegido do visconde de Ouro Preto, o romancista assistira, emocionado, aos sete anos, às comemorações da abolição e às festas promovidas por ocasião do regresso do imperador de sua viagem à Europa, também em 1888. Em contraste, vira no ano seguinte seu pai, operário da Tipografia Nacional, ser demitido pela política republicana. Irritava-o, particularmente, a postura do barão do Rio Branco, a quem acusava de renegar a parcela negra da população brasileira.[16]

Em termos concretos, a prevenção republicana contra pobres e negros manifestou-se na perseguição movida por Sampaio Ferraz contra os capoeiras, na luta contra os bicheiros, na destruição, pelo prefeito florianista Barata Ribeiro, do mais famoso cortiço do Rio, a Cabeça de Porco, em 1892. Não por acaso, Barata Ribeiro também comparecera à conferência dissolvida de Silva Jardim. Não seria, a meu ver, exagerado supor que a reação popular a certas medidas da administração republicana, mesmo que teoricamente benéficas, como a vacina obrigatória, tenha sido em parte alicerçada na antipatia pelo novo regime. Mais ou menos à época da Revolta da Vacina, por exemplo, João do Rio verificou, ao visitar a Casa de Detenção, que "com raríssimas exceções, que talvez não existam, todos os presos são radicalmente monarquistas. Passadores de moedas falsas, incendiários, assassinos, gatunos, capoeiras, mulheres abjetas, são ferventes apóstolos da restauração".[17] Eram monarquistas e liam romances de cavalaria. Essa extraordinária revelação confirma o abismo existente entre os pobres e a República e abre fecundas pistas de investigação sobre um mundo de valores e ideias radicalmente distinto do mundo das elites e do mundo dos setores intermediários.

Apontadas rapidamente as transformações sofridas pela capital, cabe agora perguntar pelas consequências daí advindas para a população da cidade e seu governo e para a relação entre ambos. O problema central a ser resolvido pelo novo regime era a organização de outro pacto de poder, que pudesse substituir o arranjo imperial com grau suficiente de estabilidade. Durante quase dez anos de República, as agitações se sucediam na capital, havia guerra civil nos estados do Sul, percebiam-se riscos de fragmentação do país, a economia estava ameaçada pela crise do mercado do café e pelas dificuldades de administrar a dívida externa. Para os que controlavam o setor mais poderoso da economia (exportação) e para os que se preocupavam em manter o país unido, tornava-se urgente acabar com a instabilidade política.

A natureza da tarefa que se impunha pode ser descrita como a necessidade de eliminar, ou pelo menos neutralizar, a influência da capital na política nacional. Isso significava pelo menos duas coisas: tirar os militares do governo e reduzir o nível de participação popular. Os dois fenômenos eram relacionados, pois o grosso do Exército e da Marinha estava localizado no Rio de Janeiro, e muitos militares de ambas as corporações envolviam-se frequentemente nas agitações políticas, até mesmo em greves operárias. Nas greves, tumultos, revoltas, tentativas de golpes, havia sempre militares ao lado de elementos civis. A aliança foi mais nítida durante o período jacobino, mas até mesmo em 1904 houve ainda o desenvolvimento paralelo, com interseções, de uma revolta popular e uma revolta militar. Militares e setores populares não representavam interesses compatíveis com os do grande comércio e da grande agricultura. Porém, por outro lado, não tinham condições de impor um governo que extrapolasse os limites do Distrito Federal.

A maneira indireta de neutralizar a capital e as forças que nela se agitavam era fortalecer os estados, pacificando e cooptando suas oligarquias. Era reunir as oligarquias em torno de um arranjo que garantisse seu domínio local e sua participação no poder nacional de acordo com o cacife político de cada uma. Como é sabido, essa foi a obra de Campos Sales, que, além do mais, precisava desesperadamente de paz interna para negociar a dívida externa com os banqueiros ingleses. O acordo foi consagrado em 1900, durante o reconhecimento de poderes da nova legislatura. Por ele, presumia-se a legitimidade dos diplomas dos deputados eleitos pelas políticas dominantes nos estados, conseguindo-se assim o apoio dessas políticas para a ação do governo federal. Se os partidos não funcionavam como instrumentos de governo, se se dividiam em facções, se ficavam presos a caudilhos, a solução, para Campos Sales, era formar então um grande partido de governo com sustentação nas oligarquias estaduais. O próprio presidente resumiu claramente seu objetivo: "É de lá [dos estados] que se governa a República, por cima das multidões que tumultuam, agitadas, nas ruas da capital da União". E prosseguindo: "*A política dos estados* [...] é a *política nacional*" (grifo de Campos Sales).[18]

O resumo é perfeito: governar o país por cima do tumulto das multidões agitadas da capital. O Rio podia ser caixa de ressonância, mas não tinha força política própria porque uma população urbana mobilizada politicamente, socialmente heterogênea, indisciplinada, dividida por conflitos internos não podia dar sustentação a um governo que tivesse de representar as forças dominantes do Brasil agrário. A percepção do perigo representado por uma cidade deliberante, com um mínimo que fosse de vontade própria, fez-se sentir logo no início da República. O decreto do governo provisório que dissolveu a antiga Câmara dos Vereadores e criou um Conselho de Intendência dava a este, em coerência com a filosofia descentralizante do novo regime, certa autonomia de ação. Os intendentes acreditaram em seu novo papel e logo decretaram um Código de Posturas, que desagradou profundamente aos proprietários e arrendatários de prédios de aluguel. A Sociedade que representava esses proprietários recorreu de imediato não ao Conselho, mas ao governo federal, e este, voltando atrás em seus propósitos iniciais, suspendeu a execução do Código e baixou outro decreto, reduzindo a autonomia do Conselho e submetendo suas deliberações à apreciação do ministro do Interior. Demonstrando alguma dignidade, os intendentes demitiram-se em protesto. A teoria rapidamente se revelara outra na prática. A experiência de autonomia durou apenas dois meses e meio. Apesar da curta duração e do caráter limitado que tivera, fora suficiente para que o tradicional órgão republicano *O Paiz*, dirigido por Quintino Bocaiuva, a ela se referisse como sinal do perigo de surgir no Rio uma pequena *comuna*, uma *convenção* municipal, despótica e tirânica como a convenção francesa (grifo meu).[19] A desproporção gritante entre a dimensão real do fato e a que lhe pretendeu dar o jornal, conjurando fantasmas da Paris revolucionária de 1789 e 1871, é um indicador precioso da preocupação dos republicanos com o perigo da mobilização popular na capital.

A situação do governo municipal não mudou muito com a decretação da lei orgânica do Distrito Federal, em 1892, já em regime constitucional. A lei previa a eleição dos intendentes pelo voto popular, mas o prefeito, cargo então criado, seria nomeado pelo presidente da República com aprovação do Senado Federal. As coisas assim permaneceram até o final da Primeira República. Na verdade, o Rio republicano foi governado o tempo todo por interventores, que mais não eram os prefeitos nomeados.

O governo municipal ficou limitado à ação administrativa e, mesmo assim, dependendo do apoio político e financeiro do governo federal para iniciativas de maior vulto. O Conselho de Intendentes, mesmo eleito, tinha poucas condições de se opor ao prefeito nomeado. No governo de Rodrigues Alves, Pereira Passos governou a cidade por seis meses com a Câmara suspensa, ditatorialmente, como o fizera na época florianista Barata Ribeiro, com o Conselho funcionando. O complemento inevitável da despolitização do governo municipal foi o falseamento do processo eleitoral e da representatividade política. O número de eleitores foi mantido sempre em níveis baixíssimos, e o processo eleitoral foi totalmente falseado pela intimidação, pela violência e pela fraude, como será demonstrado no capítulo 3.

Dissociava-se o governo municipal da representação dos cidadãos. O fato era agravado pela frequente nomeação de prefeitos e chefes de polícia totalmente alheios à vida da cidade, muitas vezes trazidos dos estados pelos presidentes da República. Abria-se então, do lado do governo, o caminho para o autoritarismo, que na melhor das hipóteses poderia ser um autoritarismo ilustrado, baseado na competência, real ou presumida, de técnicos. Não por acaso, muitos dos chefes do governo municipal no período em foco foram médicos ou engenheiros. Dos seis primeiros, quatro foram médicos, um engenheiro militar e apenas um tinha a formação tradicional da elite política brasileira, a jurídica. O exemplo mais óbvio é naturalmente o do engenheiro Pereira Passos. Muitos desses técnicos eram republicanos de primeira água, como Barata Ribeiro. Mas, chegados ao poder, do espírito de república guardavam no máximo alguma preocupação com o bem público, desde que o público, o povo, não participasse do processo de decisão. O positivismo, ou certa leitura positivista da República, que enfatizava, de um lado, a ideia do progresso pela ciência e, de outro, o conceito de ditadura republicana, contribuía poderosamente para o reforço da postura tecnocrática e autoritária.

O primeiro exemplo de tal mentalidade foi o Código de Posturas Municipais de 1890. Dois meses após a posse, os sete intendentes já tinham revisto um esboço de Código legado pela Monarquia e o colocado em vigor. O novo código regulava em pormenores várias atividades, especialmente as referentes a casas de aluguel e de pasto. Não há dúvida de que grande parte das medidas era bem-intencionada e buscava beneficiar a população em termos de maior conforto e maior higiene, ao mesmo tempo que criava dificuldades aos proprietários. Mas as medidas eram inteiramente irrealistas para a época. Muitas delas, como a exigência de caiar as paredes duas vezes por ano, azulejar cozinhas e banheiros, arejar quartos com aparelhos de ventilação, limitar o número de hóspedes, envolviam melhoramentos até hoje inexistentes em muitas residências. Além disso, o Código deixava transparecer a preocupação republicana com o controle da população marginal da cidade. Se executado, poderia ter provocado uma primeira versão da Revolta da Vacina. Para justificar a afirmativa, basta dizer que incluía a proibição de que hotéis, hospedarias e estalagens recebessem pessoas suspeitas, ébrios, vagabundos, capoeiras, desordeiros em geral. Exigia-se ainda o registro de todos os hóspedes, com anotação de nomes, empregos e outras características. As listas deviam ser entregues à polícia no dia seguinte até as nove horas da manhã. As penalidades pelo descumprimento dos dispositivos iam desde multas até prisão por trinta dias.[20] Pode-se imaginar o impacto dessas medidas, especialmente no velho centro. O Rio possuía, em 1888, 1331 estalagens e 18 866 quartos de aluguel, em que moravam 46 680 pessoas, incluindo todo o vasto contingente do mundo da desordem. De uma hora para outra, todos teriam registro na polícia, ou ficariam sem onde morar, caso os proprietários cumprissem rigorosamente a lei. Como se vê, era uma lei que ou não se aplicava, ou se aplicava pela violência. No caso, ela foi suspensa. Em 1904, a lei da vacinação obrigatória teve exatamente o mesmo espírito de despotismo ilustrado, apesar de votada pelo Congresso. Dessa vez, a interferência do poder público foi levada para dentro da casa dos cidadãos, seu último e sagrado reduto de privacidade. Na percepção da população pobre, a lei ameaçava a própria honra do lar ao permitir que estranhos vissem e tocassem os braços e as coxas de suas mulheres e filhas. A população reagiu pela violência e forçou a interrupção da ação dos agentes do governo, como se verá no capítulo 4.

A expectativa inicial, despertada pela República, de maior participação, foi sendo assim sistematicamente frustrada. Desapontaram-se os intelectuais com as perseguições do governo Floriano; desapontaram-se os operários, sobretudo sua liderança socialista, com as dificuldades de se organizarem em partidos e de participarem do processo eleitoral; os jacobinos foram eliminados. Todos esses grupos tiveram de aprender novas formas de inserção no sistema, mais fáceis para alguns, mais difíceis para outros. Os intelectuais desistiram da política militante e se concentraram na literatura, aceitando postos decorativos na burocracia, especialmente no Itamaraty de Rio Branco. Os operários cindiram-se em duas vertentes principais, a dos anarquistas, que rejeitava radicalmente o sistema que os rejeitava, e a dos que procuravam integrar-se através dos mecanismos de cooptação do Estado. Os jacobinos desapareceram de cena. Quanto ao grosso da população, quase nenhum meio lhe restava de fazer ouvir sua voz, exceto o veículo limitado da imprensa.[21]

No que se refere à representação municipal, ela ficava solta, sem ter de prestar contas a um eleitorado autêntico. A consequência foi que se abriu por esse modo o campo para os arranjos particularistas, para as barganhas pessoais, para o tribofe, para a corrupção. E então fechou-se o círculo: a preocupação em limitar a participação, em controlar o mundo da desordem acabou por levar à absorção perversa desse mundo na política. Ao lado de funcionários públicos, passaram a envolver-se nas eleições e na política municipais, por iniciativa dos políticos, os bandos de criminosos e contraventores do estilo de Totonho e Lucrécio Barba de Bode, descritos por Lima Barreto, os donos das casas de prostituição e de jogo. Eram esses malandros, no sentido que tinha a palavra na época, os empresários da política, os fazedores de eleições, os promotores de manifestações, até mesmo a nível da política federal. A ordem aliava-se à desordem, com a exclusão da massa dos cidadãos que ficava sem espaço político. O marginal virava cidadão e o cidadão era marginalizado.[22]

No entanto, havia no Rio de Janeiro um vasto mundo de participação popular. Só que esse mundo passava ao largo do mundo oficial da política. A cidade não era uma comunidade no sentido político, não havia o sentimento de pertencer a uma entidade coletiva. A participação que existia era de natureza antes religiosa e social e era fragmentada. Podia ser encontrada nas grandes festas populares, como as da Penha e da Glória, e no entrudo; concretizava-se em pequenas comunidades étnicas, locais ou mesmo habitacionais; um pouco mais tarde apareceria nas associações operárias anarquistas. Era a colônia portuguesa, a inglesa; eram as colônias compostas por imigrantes dos vários estados; era a Pequena África da Saúde, formada por negros da Bahia, onde, sob a matriarcal proteção de Tia Ciata, se gestava o samba carioca e o moderno carnaval. Eram as estalagens cuja população podia chegar a mais de mil pessoas. O cortiço de Botafogo, descrito por Aluísio Azevedo, possuía no final mais de quatrocentas casas e constituía uma pequena república com vida própria, leis próprias, detentora da inabalável lealdade de seus cidadãos, apesar do autoritarismo do proprietário. Aluísio, aliás, fala expressamente na "república do cortiço". Ali se trabalhava, se divertia, se festejava, se fornicava e, principalmente, se falava da vida alheia e se brigava. Porém, à menor ameaça vinda de fora, todos esqueciam as brigas internas e cerravam fileiras contra o inimigo externo. Esse inimigo era outro cortiço e, principalmente, a polícia. Frente à polícia, dono e moradores se uniam, pois estava em jogo a soberania e a honra da pequena república. Cortiço em que entrava polícia era cortiço desmoralizado.[23] É profundamente irônico e significativo que a república popular do cortiço se julgasse violada, derrotada, quando lá entrava o representante da república oficial. No romance, o cortiço consegue evitar a entrada da polícia, mas na vida real, dois anos após a publicação do livro, o cortiço Cabeça de Porco seria destruído em autêntica operação militar por ordem do republicano histórico Barata Ribeiro. O governo da República destruía as repúblicas sem integrá-las numa república maior que abrangesse todos os cidadãos da cidade.

Domesticada politicamente, reduzido seu peso político pela consolidação do sistema oligárquico de dominação, à cidade pôde ser dado o papel de cartão-postal da República. Entrou-se de cheio no espírito francês da belle époque, que teve seu auge na primeira década do século. O entusiasmo pelas coisas americanas limitara-se às fórmulas políticas. O brilho republicano expressou-se em fórmulas europeias, especialmente parisienses. Mais que nunca, o mundo literário voltou-se para Paris, os poetas sonhavam viver em Paris e, sobretudo, morrer em Paris. Com poucas exceções, como o mulato Lima Barreto e o caboclo Euclides da Cunha, os literatos se dedicaram a produzir para o sorriso da elite carioca, com as antenas estéticas voltadas para a Europa.[24]

Quando as finanças da República foram recuperadas pela política deflacionista de Campos Sales, sobraram recursos para as obras há muito planejadas de saneamento e embelezamento da cidade. Tudo foi feito com a eficiência e rapidez permitidas pelo estilo autoritário e tecnocrático inaugurado pela República. O engenheiro-prefeito pediu a suspensão do funcionamento da Câmara dos Vereadores por seis meses para poder agir livremente e decretar a legislação necessária para o rápido encaminhamento das reformas. Um médico sanitarista foi encarregado das medidas de higiene pública. Tendo Paris como modelo, o centro da cidade foi depressa modificado, a avenida Beira-Mar foi aberta, jardins foram criados e reformados, os bondes ganharam tração elétrica, sem esquecer a construção do novo porto. Ao visitar a cidade pouco depois, uma poetisa francesa, entusiasmada, escreveria um livro de poemas com o título *La Ville Merveilleuse*. Vindo de uma francesa, era a glória, e compensava o epíteto depreciativo de rastaqueras que em Paris era dado aos brasileiros.

As reformas tiveram como um dos efeitos a redução da promiscuidade social em que vivia a população da cidade, especialmente no centro. A população que se comprimia nas áreas afetadas pelo bota-abaixo de Pereira Passos teve ou de apertar-se mais no que ficou intocado, ou de subir os morros adjacentes, ou de deslocar-se para a Cidade Nova e para os subúrbios da Central. Abriu-se espaço para o mundo elegante que anteriormente se limitava aos bairros chiques, como Botafogo, e se espremia na rua do Ouvidor. O footing passou a ser feito nos 33 metros de largura da avenida Central, quando não se preferia um passeio de carro pela avenida Beira-Mar. No Rio reformado circulava o mundo belle époque fascinado com a Europa, envergonhado do Brasil, em particular do Brasil pobre e do Brasil negro. Era o mundo do barão do Rio Branco, ministro das Relações Exteriores do presidente que promoveu as reformas. O mesmo barão que na juventude tinha sido capoeira e que agora se esforçava em oferecer à visão do estrangeiro um Brasil branco, europeizado, civilizado.

Mas, se o novo Rio criado pela República aumentava a segmentação social e o distanciamento espacial entre setores da população, as repúblicas do Rio, vindas do Império, continuaram a viver, a renovar-se, a forjar novas realidades sociais e culturais mais ricas e mais brasileiras que os versos parnasianos e simbolistas. Em certos momentos, elas podiam manifestar-se politicamente e de modo violento, como nas barricadas de Porto Artur. Todavia, na maioria das vezes elas cresciam em movimentos lentos e subterrâneos. Assim, a festa portuguesa da Penha foi aos poucos sendo tomada por negros e por toda a população dos subúrbios, fazendo-se ouvir o samba ao lado dos fados e das modinhas. Na Pequena África da Saúde, a cultura dos negros muçulmanos vindos da Bahia, sua música e sua religião fertilizaram-se no novo ambiente, criando os ranchos carnavalescos e inventando o samba moderno.[25] Um pouco depois, o futebol, esporte de elite, foi também apropriado pelos marginalizados e se transformou em esporte de massa.

Assim, o mundo subterrâneo da cultura popular engoliu aos poucos o mundo sobreterrâneo da cultura das elites. Das repúblicas renegadas pela República foram surgindo os elementos que constituiriam uma primeira identidade coletiva da cidade, materializada nas grandes celebrações do carnaval e do futebol.

2. República e cidadanias*

Já ficou registrado que o fim do Império e o início da República foi uma época caracterizada por grande movimentação de ideias, em geral importadas da Europa. Na maioria das vezes, eram ideias mal absorvidas ou absorvidas de modo parcial e seletivo, resultando em grande confusão ideológica. Liberalismo, positivismo, socialismo, anarquismo misturavam-se e combinavam-se das maneiras mais esdrúxulas na boca e na pena das pessoas mais inesperadas. Contudo, seria enganoso descartar as ideias da época como simples desorientação. Tudo era, sem dúvida, um pouco louco. Mas havia lógica na loucura, como poderemos verificar no exame do problema da cidadania.

Vimos também que o período foi marcado, especialmente no Rio de Janeiro, pelo rápido avanço de valores burgueses. Velhos monarquistas, como Taunay, expressaram seu escândalo frente à febre de enriquecimento, ao domínio absoluto de valores

---

* Versão ligeiramente modificada deste capítulo foi publicada em *Dados — Revista de Ciências Sociais*, 28 (2): 143-61, 1985.

materiais, à ânsia de acumular riquezas a qualquer preço que tinham dominado a capital da República. Mesmo republicanos ardorosos, como Raul Pompeia, não deixaram de estranhar o novo espírito que dominava as pessoas. Segundo Pompeia, longe iam os dias do romantismo abolicionista e do dantonismo da propaganda. "O que há agora é pão, pão, queijo, queijo. Dinheiro é dinheiro." Todos se ocupam de negócios e até a política é dominada pelas finanças: "A República discute-se consubstanciada no Banco da República".[1]

Mas foi mudança no campo da mentalidade coletiva. No que se refere aos princípios ordenadores da ordem social e política, o liberalismo já havia sido implantado pelo regime imperial em quase toda a sua extensão. A Lei de Terras de 1850 liberara a propriedade rural na medida em que regulara seu registro e promovera sua venda como mecanismo de levantamento de recursos para a importação de mão de obra. A Lei de Sociedades Anônimas de 1882 liberara o capital, eliminando restrições à incorporação de empresas. A abolição da escravidão liberara o trabalho. A liberdade de manifestação de pensamento, de reunião, de profissão, a garantia da propriedade, tudo isso era parte da Constituição de 1824. No que se refere aos direitos civis, pouco foi acrescentado pela Constituição de 1891. O mesmo se pode dizer dos direitos políticos. As inovações republicanas referentes à franquia eleitoral resumiram-se em eliminar a exigência de renda, mantendo a de alfabetização.

O espírito das mudanças eleitorais republicanas era o mesmo de 1881, quando foi introduzida a eleição direta. Até esta última data, o processo indireto permitia razoável nível de participação no processo eleitoral, em torno de 10% da população total. A eleição direta reduziu esse número para menos de 1%. Com a República houve aumento pouco significativo para 2% da população (eleição presidencial de 1894).[2] Percebera-se que, no caso brasileiro, a exigência de alfabetização, introduzida em 1881, era barreira suficiente para impedir a expansão do eleitorado. O Congresso Liberal de maio de 1889 já o dissera abertamente ao aceitar como indicador de renda legal o saber ler e escrever. O liberal Rui Barbosa, um dos redatores do projeto da Constituição de 1891, fora um dos principais propugnadores da reforma de 1881.

Por trás dessa concepção restritiva da participação estava o postulado de uma distinção nítida entre sociedade civil e sociedade política. O ponto já fora exposto com clareza por Pimenta Bueno em sua análise da Constituição de 1824. Pimenta Bueno buscou na Constituição francesa de 1791 a distinção, aliás incluída na própria Constituição brasileira, entre cidadãos ativos e cidadãos inativos ou cidadãos simples. Os primeiros possuem, além dos direitos civis, os direitos políticos. Os últimos só possuem os direitos civis da cidadania. Só os primeiros são cidadãos plenos, possuidores do *jus civitatis* do direito romano. O direito político, nessa concepção, não é um direito natural: é concedido pela sociedade àqueles que ela julga merecedores dele. O voto, antes de ser direito, é uma função social, é um dever. Era essa, aliás, a posição de John Stuart Mill, talvez o autor que maior influência teve sobre os proponentes da reforma de 1881. Como se sabe, Mill era também contra o voto do analfabeto. Exigia como condição para o exercício do voto até mesmo a capacidade de fazer as operações básicas da aritmética.[3]

Sendo função social antes que direito, o voto era concedido àqueles a quem a sociedade julgava poder confiar sua preservação. No Império como na República, foram excluídos os pobres (seja pela renda, seja pela exigência da alfabetização), os mendigos, as mulheres, os menores de idade, as praças de pré, os membros de ordens religiosas. Ficava fora da sociedade política a grande maioria da população. A exclusão dos analfabetos pela Constituição republicana era particularmente discriminatória, pois ao mesmo tempo se retirava a obrigação do governo de fornecer instrução primária, que constava do texto imperial. Exigia-se para a cidadania política uma qualidade que só o direito social da educação poderia fornecer e, simultaneamente, desconhecia-se esse direito. Era uma ordem liberal, mas profundamente antidemocrática e resistente a esforços de democratização.

A Constituição de 1891 também retirou um dispositivo da anterior que se referia à obrigação do Estado de promover os socorros públicos, em outra indicação de enrijecimento da ortodoxia liberal em detrimento dos direitos sociais. O Código Criminal de 1890 teve a mesma inspiração. Tentou proibir as greves e coligações operárias, em descompasso com as correções que já se faziam na Europa à interpretação rígida do princípio da liberdade de contrato de trabalho. Foi a ameaça de greve por parte de alguns setores do operariado do Rio que forçou o governo a reformar logo os artigos que continham a disposição antioperária (205 e 206).

A República, ou os vitoriosos da República, fizeram muito pouco em termos de expansão de direitos civis e políticos. O que foi feito já era demanda do liberalismo imperial. Pode-se dizer que houve até retrocesso no que se refere a direitos sociais. Algumas mudanças, como a eliminação do Poder Moderador, do Senado vitalício e do Conselho de Estado e a introdução do federalismo, tinham sem dúvida inspiração democratizante na medida em que buscavam desconcentrar o exercício do poder. Mas, não vindo acompanhadas por expansão significativa da cidadania política, resultaram em entregar o governo mais diretamente nas mãos dos setores dominantes, tanto rurais quanto urbanos. O Império tornara-se um empecilho ao dinamismo desses setores, sobretudo os de São Paulo. O Estado republicano passou a não impedir a atuação das forças sociais, ou, antes, a favorecer as mais fortes, no melhor estilo spenceriano. Fora, aliás, Spencer um dos inspiradores de Alberto Sales, o mais respeitado ideólogo da República.[4]

Mas a propaganda republicana prometera mais do que isso. O entusiasmo e as expectativas despertadas em certas camadas da população pelo advento do novo regime provinham de promessas democratizantes feitas nos comícios, nas conferências públicas, na imprensa radical. Quem melhor caracterizou esse lado da campanha foi Silva Jardim, ao lado de seu antigo mestre Luís Gama e de Lopes Trovão. Silva Jardim e Lopes Trovão, particularmente, eram grandes agitadores populares. Trovão fora um dos principais instigadores da Revolta do Vintém de 1880, que trouxe de volta o povo do Rio ao primeiro plano da política após ausência de muitos anos. Silva Jardim foi protagonista de várias demonstrações republicanas, algumas terminadas em tiroteio, como a de dezembro de 1888. Qual a inspiração de Silva Jardim? Era basicamente a retórica da Revolução Francesa.[5] Contra os chefes evolucionistas do Partido Republicano, queria a transformação feita revolucionariamente nas ruas com apoio e participação do povo. Porém nunca expôs sistematicamente suas ideias sobre como seria a participação popular no novo regime. Falava apenas na necessidade inicial de uma ditadura republicana, que lhe poderia ter sido inspirada tanto por Robespierre quanto pelo positivismo, a ser depois legitimada por sufrágio universal.[6]

O radicalismo de Silva Jardim incomodava o grosso do partido e levou-o ao rompimento com a direção partidária. Foi-lhe até ocultada a data da revolta, e ele dela participou por acaso. Mas o fez dentro de sua especialidade: Benjamin Constant, temeroso de que falhasse o golpe, pedira a Aníbal Falcão, amigo de Silva Jardim, que agitasse o povo. Nisso apareceu Silva Jardim, que de bom grado cumpriu a tarefa, liderando o coro da Marselhesa pelas ruas. Todavia, logo após a proclamação, foi sistematicamente boicotado. Nas eleições de 1890 para a Constituinte, não conseguiu eleger-se no Rio de Janeiro, principal palco de sua atuação. Desiludido, como outros radicais, com a República, que não era a de seus sonhos, foi para a Europa, onde morreu em 1891, caindo no Vesúvio.

Mais pela simbologia da ação do que pelas ideias, Silva Jardim introduzira uma concepção de cidadania que se aproximava do modelo rousseauniano: a visão do povo como entidade abstrata e homogênea, falando com uma só voz, defendendo os mesmos interesses comuns. Apesar de ser também contratual, essa concepção difere do contratualismo lockeano, pois sua inspiração platônica salienta antes os aspectos comunitários de integração de todos na vontade geral da soberania. O todo é mais do que a soma dos indivíduos que o formam, podendo por isso ditar o que seja a verdadeira vontade destes. A ideia de ditadura republicana adequava-se bem a essa concepção. Segundo ela, o ditador era a encarnação da vontade coletiva e o instrumento de sua ação, sem que fosse necessária eleição formal, bastando a sanção implícita, como expressamente admitia o manifesto do Partido Republicano de Pernambuco de 1888, com a concordância de Silva Jardim.[7] Outros temas dos republicanos radicais que reforçavam a ideia comunitária eram os da pátria e fraternidade, ambos também inspirados na Revolução Francesa. O tema de pátria, em especial, é frequente em Silva Jardim, destoando do discurso dos republicanos conservadores que insistiam antes na federação. Estes últimos, ao falarem de pátria, referiam-se a suas províncias, como foi o caso de Alberto Sales, que pregou abertamente o separatismo paulista em livro a que deu o sugestivo título *A Pátria Paulista*, escrito em 1887. Silva Jardim achava um erro a separação, apesar de compartilhar com os positivistas a ideia de que a tendência de todas as sociedades era formar pequenas pátrias.[8]

As razões da adoção dessa visão integradora, comunitária, orgânica das relações dos cidadãos com a sociedade política poderiam ter sido de natureza apenas tática. O movimento republicano era constituído de uma frente ampla de interesses, que abrangia escravocratas e abolicionistas, militares e civis, fazendeiros, estudantes, profissionais liberais, pequenos comerciantes. A ideia de povo, de pátria tinha o mérito de unir a todos, evitando embaraços. Mas o importante aqui é apontar sua existência e o fato de ter sido útil na instrumentalização da atuação política de certos setores que lutavam por uma ampliação da cidadania. Veremos como tal visão se relacionava com outras, particularmente com o positivismo.

Além dos propagandistas civis, conservadores e radicais, outro grupo que se salientou na propaganda do novo regime foi o dos militares. Desde a metade do século, segundo o estudo de Schultz, havia entre os oficiais do Exército insatisfação quanto ao que consideravam limitações de seus direitos de cidadania. Mas foi certamente na última década da Monarquia que a insatisfação se tornou mais ruidosa e se expressou através da ideia do soldado-cidadão. Havia nesse movimento várias inspirações, algumas de natureza ideológica, outras organizacionais, outras políticas, que não é necessário explorar aqui.[9] Basta dizer que a inspiração ideológica mais forte foi o positivismo transmitido aos jovens oficiais por Benjamin Constant. A visão profundamente antimilitarista de Comte levava os militares a se sentirem pouco à vontade dentro dos uniformes e a procurar eliminar ao máximo a distância que os separava do mundo civil através da reivindicação da condição de plenos cidadãos, cidadãos ativos na terminologia de Pimenta Bueno. Na prática, as reivindicações centravam-se no direito de reunião e de livre manifestação da opinião política. Houve mesmo um esforço eleitoral no sentido de levar ao Congresso candidatos militares. No fundo, o que se queria era maior peso nas decisões políticas para a corporação militar.

A relação entre cidadão e soldado foi e continua sendo complicada. Na luta contra o absolutismo, um ponto importante era tirar da nobreza o monopólio das armas, era dar ao cidadão o direito de armar-se para a defesa de seus interesses. A Constituição americana incorporou em seu texto esse direito como garantia do cidadão contra o Estado. A França revolucionária, além de abrir o Exército, isto é, o corpo de oficiais, à burguesia, criou também a Guarda Nacional, o que equivalia a entregar as armas aos cidadãos, a criar o cidadão-soldado. A Guarda Nacional brasileira de 1831 inspirou-se no modelo francês e em parte cumpriu a missão de colocar nas mãos dos cidadãos de posses a tarefa de manter a ordem. A milícia cidadã, como era chamada, constituía sem dúvida um instrumento liberal e, pelo menos em sua concepção original, democratizante.[10] O problema do Exército no final do Império era o oposto: tratava-se de criar não o cidadão-soldado mas o soldado-cidadão. Eram os beneficiários do monopólio de portar armas, componentes da burocracia estatal, que desejavam para si a plenitude dos direitos de cidadania. Para isso não só não renunciavam à condição de integrantes do Estado, como se utilizavam da força que essa condição lhes dava. Lutavam de dentro para fora, não eram parte de um movimento da sociedade. Poder-se-ia dizer que buscavam maior participação através do pertencimento ao Estado, isto é, não se tratava tanto de cidadania mas do que poderíamos chamar de *estadania*.[11]

A contradição implícita nessa posição levou ao desenvolvimento de uma ideologia segundo a qual o Exército se identificava com o povo. Foi talvez o republicano Raul Pompeia o primeiro a propor essa formulação por ocasião de um dentre os muitos atritos entre o governo e o Exército nos últimos anos da Monarquia. Raul Pompeia descartava a possibilidade de militarismo no Brasil, porque, dizia, "o Exército brasileiro é muito povo para querer ser contra o povo e sobre o povo". E continuava: "O Exército é plebeu e é pobre, o Exército é a democracia armada".[12] Dentro do Exército, um dos melhores representantes dessa posição foi Lauro Sodré, republicano fanático, florianista e permanente conspirador. Para ele, os militares sempre se haviam colocado ao lado das causas populares e democráticas, pois eram cidadãos fardados: "Não há no nosso passado nem na nossa história uma página em que se registrem vitórias da liberdade contra a prepotência, na qual não figure ao lado do povo, levantado para a defesa de seus direitos, o Exército que é o próprio povo, que é a agremiação de cidadãos unidos pelos laços da disciplina".[13] A proclamação da República por militares e a instalação dos governos militares não abalariam as convicções de Raul Pompeia. Pelo contrário, passou a ver no Exército a única classe organizada do país. O fato de ter sido o Exército que fizera a República não era uma desonra para o povo mas uma honra para o Exército, que era o povo com armas. Sua ação seria mesmo preferível diante da apatia do povo paisano.[14]

Tratava-se naturalmente de uma ideologia do oficialato republicano e dos civis que o apoiavam. Versão mais radical dessa ideologia existia entre as praças de pré. O jornal *O Soldado*, por exemplo, publicado no Rio em 1881, defendia o direito da classe militar de se representar perante a nação e de "tomar parte na administração do Estado". Mas o apelo era dirigido aos soldados e vinculava-se à reforma eleitoral de 1881, que teria privado as praças do direito do voto. O jornal protestou dizendo que os soldados e o povo foram as "duas vítimas da usurpação e da prepotência, e únicos espoliados de todos os direitos, e que só têm deveres". Reclamando da má aceitação do jornal pelo comandante do Batalhão Naval, o redator respondeu que "o soldado não é um servo da gleba, é um cidadão, tem deveres a cumprir e direitos a gozar". Em carta ao imperador publicada pelo jornal, um ex-voluntário da Guerra do Paraguai queixava-se com amargura e violência: em troca dos sacrifícios como voluntário, perdera até a cidadania com a nova lei eleitoral.[15] A aliança, ou mesmo identidade, entre soldado e povo, mais particularmente entre soldado e operário, era defendida em termos mais radicais pelo jornal *Revolução*. Segundo esse jornal, o soldado era o obreiro da guerra, o obreiro o soldado da paz. E conclamava: "Nós, soldados e obreiros, artistas e operários, devemos nos confundir na praça pública bradando a uma voz: Revolução!".[16]

Essa versão radical, quase *sans-cullotte*, propondo uma aliança real e não simbólica entre o soldado concreto, e não a corporação, e o povo operário, e não o povo em abstrato, era minoritária. Mesmo assim, retórica revolucionária à parte, os porta-vozes dessa posição eram pessoas de algum modo vinculadas ao Estado. O jornal *O Soldado*, embora dirigido às praças, era redigido por um alferes honorário do Exército, e os operários a que se refere *Revolução* eram sem dúvida os operários do Estado. Vimos que o redator fora demitido do serviço público e parte de sua exaltação revolucionária devia-se certamente a esse fato.

Os operários do Estado merecem referência especial. Constituíam parte importante do operariado do Rio no final do Império e início da República, e foram outro setor da população que viu a República como uma oportunidade de redefinir seu papel político. Tratava-se principalmente dos operários dos arsenais do Exército e da Marinha, dos ferroviários da Estrada de Ferro D. Pedro II, depois Central do Brasil, dos gráficos da Imprensa Nacional, dos operários da Casa da Moeda e de alguns setores dos portuários. Vários dos jornais radicais no fim do Império tinham ligação com esses grupos. Além de *Revolução*, havia a *Gazeta dos Operários* (1875), que defendia os operários dos arsenais; a *União do Povo* (1877), que se dizia órgão do funcionário público, do artista e do operário; *O Nihilista* (1883), jornal dos operários, do Exército e da Armada; *O Artista* (1883), defensor dos operários da Tipografia Nacional, da Casa da Moeda e dos arsenais.

Logo após a proclamação, houve tentativas de organizá-los politicamente, seja através de elementos de fora, seja de dentro da classe. A primeira tentativa deveu-se aos positivistas. Ainda em

1889, Teixeira Mendes reuniu-se com quatrocentos operários da União e discutiu um documento que entregou a seguir a Benjamin Constant, então ministro da Guerra. As bases ideológicas do documento, como era de esperar, sustentavam-se na noção positivista da necessidade de incorporar o proletariado à sociedade. As medidas práticas propostas caracterizavam uma legislação trabalhista muito avançada para a época. Incluía jornada de sete horas, descanso semanal, férias de quinze dias, licença remunerada para tratamento de saúde, aposentadoria, pensão para a viúva, estabilidade aos sete anos de serviço etc.[17]

Pouco depois, no início de 1890, houve várias tentativas de criar um Partido Operário, já aí abrangendo também operários do setor privado. Estabeleceu-se uma disputa entre líderes operários, como França e Silva, que lutava por um partido controlado pelos próprios operários, e o tenente José Augusto Vinhaes, da Marinha, que organizou um partido sob sua liderança. Vinhaes tinha suas bases principais entre os ferroviários, com incursões também nos arsenais e entre os portuários, onde outro oficial da Marinha, José Carlos de Carvalho, também era influente. Na irônica expressão de França e Silva, Vinhaes colocava-se como o São Gabriel do governo, intermediário entre Deodoro e os operários.[18] Vinhaes teve mais êxito que França e Silva em conseguir o apoio operário, elegendo-se para a Constituinte, depois transformada em primeira legislatura republicana. Na Câmara, justiça se lhe faça, falou várias vezes em defesa do operariado e dos pobres em geral, protestando contra a carestia, propondo aumentos salariais, criticando a ação da polícia nas greves, defendendo a ampliação do voto. Dizia-se mesmo socialista e mereceu dos adversários a acusação de petroleiro e niilista, o equivalente ao terrorista de hoje. Por sugestão sua, o governo introduziu a primeira legislação de proteção ao trabalho do menor (1891). Organizou também um Banco de Operários, à moda do Penny-Bank de Londres. Segundo ele, o banco possuía 6722 acionistas em fevereiro de 1891.[19] Vinhaes esteve ainda envolvido em diversas greves de natureza política, começando pela dos ferroviários, em 1891, que ajudou a derrubar Deodoro, e terminando na dos estivadores, ferroviários e carroceiros, em 1900, planejada como parte do golpe destinado a derrubar Campos Sales. A maior conquista do Partido dos Operários que criara foi sem dúvida a de ter forçado o governo, através de ameaça de greve geral, a mudar o Código Penal nos artigos que proibiam a greve e a coligação operárias, em dezembro de 1890. Vinhaes serviu de intermediário entre os operários e o governo. Seja qual for a avaliação de seu papel do ponto de vista dos interesses operários, o importante é salientar que, como no caso dos militares, embora em escala menor, também aqui a tentativa de acesso a uma cidadania mais ampla se deu pelas portas ou pelos porteiros do Estado.

No caso da ação positivista (e quase todas as lideranças republicanas que se preocupavam com o proletariado o faziam em função da influência comteana), as consequências para a construção da nova cidadania foram ainda mais sérias. A noção positivista de cidadania não incluía os direitos políticos, assim como não aceitava os partidos e a própria democracia representativa. Admitia apenas os direitos civis e sociais. Entre os últimos, solicitava a educação primária e a proteção à família e ao trabalhador, ambas obrigação do Estado. Como vetava a ação política, tanto revolucionária quanto parlamentar, resultava em que os direitos sociais não poderiam ser conquistados pela pressão dos interessados, mas deveriam ser concedidos paternalisticamente pelos governantes. Na realidade, nessa concepção não existiam sequer os cidadãos ativos. Todos eram inativos, à espera da ação iluminada do Estado, guiado pelas luzes do grande mestre de Montpellier e de seus porta-vozes.

A posição de Vinhaes tinha um sentido menos castrador, já

que buscava organizar a ação operária através de partidos, de movimentos grevistas e da ação parlamentar. Mas não há que se negar que sua ação foi preventiva no sentido de retirar o movimento operário das mãos de suas próprias lideranças, o que pode ser confirmado pela maneira como agiu em 1890. Nesse sentido, representou o início de uma ação cooptativa do Estado em relação à classe operária, que teria amplo curso no Rio de Janeiro durante a Primeira República, sobretudo no que se refere aos operários ligados direta ou indiretamente ao setor público. De novo, a estadania se misturava à cidadania, se não a sobrepujava.

Proposta diferente era a de França e Silva, Vicente de Souza, Evaristo de Moraes, Gustavo de Lacerda e outros, que se diziam socialistas. As ideias de França e Silva, expostas no *Echo Popular*, são as que mais se aproximam do modelo clássico de expansão da cidadania. A República, achava, viera possibilitar a extensão do direito de intervir nos negócios públicos a todos os cidadãos. Os operários, até então vivendo como forasteiros no solo da pátria, vinham agora reivindicar esse direito através de uma organização partidária que se propunha defender seus interesses dentro das regras do sistema representativo. A reivindicação era reforçada pela afirmação de nova identidade para o operário, segundo a qual, embora marginalizado na sociedade política, ele constituía o principal fator de progresso do Brasil e de todas as nações.[20] Várias tentativas foram feitas nas duas primeiras décadas republicanas de formar partidos socialistas operários, tanto no Rio quanto em São Paulo e outros estados, nenhuma delas com êxito. No Rio, houve em 1892 um Congresso Socialista organizado por iniciativa de França e Silva, com a participação de quatrocentos operários, do qual resultou o Partido Operário do Brasil. Em 1895, com a participação de Evaristo de Moraes, foi fundado um Partido Socialista Operário. Em 1899 surgiu um Centro Socialista, e em 1902 foi criado por Gustavo de Lacerda e Vicente de Souza o

Partido Socialista Coletivista. Finalmente, em 1908, estivadores e cocheiros fundaram o Partido Operário Socialista, em que de novo se verificou a presença de Evaristo de Moraes. As propostas de todas essas organizações eram as do socialismo democrático, isto é, lutar por maior participação e conseguir reformas, especialmente sociais, através do mecanismo representativo. Nenhuma delas teve longa vida, muitas não chegaram a completar um ano.[21]

A rigidez do sistema republicano, sua resistência em permitir a ampliação da cidadania, mesmo dentro da lógica liberal, fez com que o encanto inicial com a República rapidamente se esvaísse e desse origem à decepção e ao desânimo. O desencanto fica transparente no *Manifesto do Centro Socialista aos operários e proletários*, lançado em 9 de janeiro de 1899 no Rio de Janeiro. Aí se afirma que, se o Império vivera sob o monopólio dos donos de escravos, a República "vai vivendo à custa dos mais repugnantes sindicatos políticos e industriais, geradores de uma perigosa oligarquia plutocrática tão perniciosa como a oligarquia aristocrática". Em consequência, prossegue o *Manifesto*, o Brasil se acha na mesma condição da Europa, onde os vícios do capitalismo só deixam ao operário a opção entre o socialismo reformador e o anarquismo revolucionário. Na verdade, os socialistas brasileiros viram-se logo entre estes dois fogos: de um lado, os que defendiam a cooperação direta com o governo, a estadania; de outro, e cada vez mais, os anarquistas, que rejeitavam totalmente o sistema político. A partir do início do século, a corrente anarquista ganhou crescente influência. Ela trazia um conceito radicalmente diferente de cidadania. Por ter influenciado um setor da população que exatamente buscava inserção no novo sistema, merece exame mais detido.

O primeiro jornal anarquista do Rio parece ter sido *O Despertar*, de José Sarmento, publicado em 1898. Em linguagem cheia de espanholismos, denunciadora da origem do articulista, o jornal revela individualismo e espontaneísmo extremados, rejeitando até mesmo a organização da propaganda. Defende como única arma operária a greve, visando a greve geral que abolirá o Estado.

A seguir, vieram *O Protesto* (1899), *O Golpe* (1900), a revista *Asgarda* (1902), *O Trabalhador*, *A Greve* (1903), a revista *Kultur* (1904), *O Libertário* (1904), de Neno Vasco, português e talvez o mais culto dos anarquistas na época. À exceção do último, todos esses jornais e revistas foram editados por Elysio de Carvalho e Mota Assunção, incansáveis doutrinadores anarquistas.[22] A partir de 1903, com a criação da Federação de Associações de Classe e, especialmente, após o Congresso Operário de 1906 e a subsequente criação da Federação Operária do Rio de Janeiro, aumentou a penetração do anarquismo entre os operários. Surgiram várias publicações anarquistas vinculadas a organizações de classe. Alguns exemplos são *Accordem* (1905), da Sociedade de Carpinteiros e Artes Correlatas; *Novo Rumo* (1906), de Alfredo Vasques; *O Baluarte* (1907), da Associação dos Chapeleiros, cujo secretário era José Sarmento; *O Marmorista* (1907), e principalmente *A Voz do Trabalhador* (1908), órgão da Confederação Operária Brasileira, para ficar só no Rio de Janeiro.

Embora todos se dissessem anarquistas ou libertários, havia algumas nuanças importantes entre eles. Elysio de Carvalho distinguia já em 1904 duas correntes principais: os anarquistas comunistas e os anarquistas individualistas. O primeiro grupo, de longe o mais numeroso, segundo Elysio, seguia Kropotkine, Réclus, Malatesta, Hamon, e contava entre seus membros Neno Vasco, Benjamin Mota, Fábio Luz e, estranhamente, Evaristo de Moraes. Eram pela revolução social, pela abolição da propriedade privada e do Estado, mas admitiam o sindicalismo como arma de luta. O segundo grupo seguia a linha de Max Stirner, de um exacerbado individualismo. Também pregava a abolição do Estado, porém era contra toda forma de organização que não fosse espontânea e queria a manutenção da propriedade privada após a revolução.[23]

A primeira corrente continuou a predominar nos anos seguintes. Apesar das diferenças, no que se refere à posição em relação à autoridade e ao Estado, não havia grande divergência entre os libertários. Todos repudiavam qualquer tipo de autoridade, especialmente a estatal. Daí também uma aversão profunda à luta política através de partidos e eleições. Nesse ponto eram inimigos irreconciliáveis dos socialistas. Os velhos líderes socialistas do início da República, como França e Silva, Vicente de Souza e mesmo o jovem Evaristo de Moraes, tornaram-se objeto de ferrenhas críticas. Já em 1898, por exemplo, Benjamin Mota polemizava com França e Silva, denunciando o caráter utópico e autoritário da luta partidária, e afirmava: "[...] no terreno da luta eleitoral socialistas autoritários e socialistas libertários são inimigos irreconciliáveis".[24]

Em 1906, por ocasião do Congresso Operário Regional Brasileiro, deu-se o enfrentamento entre anarquistas e socialistas. A tendência da maioria ficou clara quando Pinto Machado, comentando moção de apoio aos operários russos, reafirmou sua posição de socialista político porque, segundo ele, no Brasil não havia a miséria que caracterizava a Rússia. Houve enorme reação da plateia, acompanhada de vaias, e a mesa teve de encerrar a sessão. As resoluções do Congresso consagraram os princípios do anarquismo sindicalista ao estilo da CGT francesa. Pregavam a rejeição da luta política partidária; a organização de sociedades de resistência (sindicatos); o uso da luta econômica através de greves, boicotagem, sabotagem, manifestações públicas; a formação de federações de sindicatos e de uma confederação, todas com amplo grau de autonomia. Fazendo o discurso de encerramento, Benjamin Mota enfatizou exatamente as resoluções referentes à não participação na política. O operário deveria "abandonar de todo e para sempre a luta parlamentar e política", o voto era uma burla e, ao recusá-lo, o operário poderia também recusar o tributo do sangue (serviço militar) e outros tributos. A ação operária deveria ser exclusivamente econômica, contra os patrões, sem a intermediação do Estado, que, aliás, não passava de servo fiel deles.[25]

A luta descia por vezes a acusações pessoais graves. *Novo Rumo* envolveu-se em briga com a *Gazeta Operária* de Mariano Garcia, que acusara os anarquistas de receber verbas da polícia e explorar os operários. *Novo Rumo* respondeu acusando a *Gazeta* de ser claque do deputado Alcindo Guanabara, de sustentar o jornal com o dinheiro dos patrões etc. O ataque estendeu-se aos socialistas eleitorais em geral, acusados de nada terem feito para instruir e doutrinar os operários, só contribuindo para intrigá-los. Além de Mariano Garcia, foram incluídos na crítica outros socialistas, como Vicente de Souza e Evaristo de Moraes.[26]

Em 1910 houve tentativa de envolver o operariado na campanha presidencial. A Federação Operária, anarcossindicalista, recusou envolver-se. Como presidente da República, Hermes patrocinou o Congresso Operário de 1912, que propôs a criação de um partido da classe. A Confederação Operária reagiu através de violento manifesto, em que chamava a proposta de aborto, de afronta atirada ao trabalhador. A política, dizia o manifesto, era um cancro que destruía a vida do povo, uma rameira e cortesã que o embrutecia. E concluía com um apelo: "Varrei a política do seio das vossas associações de classe para evitar rivalidades, guerras entre irmãos e dar tréguas à burguesia exploradora!".[27]

Outro aspecto relevante para a discussão da cidadania que surge na visão anarquista é sua posição com relação à ideia de pátria. Os conceitos de cidadania e pátria referem-se a maneiras distintas de inserção em uma coletividade, a estilos diferentes de lealdade. Trata-se da distinção que os clássicos da sociologia colocaram em termos de dicotomias, mas que hoje é vista como lados da mesma moeda. Refiro-me às oposições entre comunidade e sociedade de Tönnies, entre solidariedade mecânica e orgânica de Durkheim, entre grupos primários e secundários de Cooley, ou mesmo entre o homogêneo e o heterogêneo de Spencer, só para citar as mais conhecidas. De modo geral, todas essas dicotomias fazem predominar em um polo os elementos afetivos, familiares, comunitários, cooperativos, espontâneos; no outro, os aspectos racionais, instrumentais, artificiais, individualistas, conflitivos. A ideia de pátria coloca-se nitidamente no primeiro polo, enquanto a de cidadania, em sua versão liberal, fica no segundo. Pátria — o próprio nome o diz — é família, é sentimento, é integração, é comunidade. Cidadania é cálculo, é pacto, é construção, é defesa de interesses.[28]

Historicamente, cidadania e pátria, ou comunidade, surgiram juntas. O próprio nascimento do cidadão teve muito a ver com o aspecto comunitário. A cidade medieval, na descrição de Pirenne, ao mesmo tempo que instaurava por contrato a liberdade, os direitos civis, criava a participação, a solidariedade — era uma comuna. A nível mais amplo, a generalização da cidadania pela Revolução Francesa deu-se ao mesmo tempo que se difundia o sentimento de nação e de patriotismo. Mesmo na Inglaterra, terra do contratualismo liberal, havia o substrato integrativo do orgulho de ser livre, considerado um patrimônio inglês. No contratualismo rousseauniano, como vimos, os dois aspectos, o instrumental e o afetivo, não se separavam, o que levava Rousseau a afirmar que nenhum Estado poderia ser muito grande, pois isso inviabilizaria a participação comunitária. O modelo que tinha em vista era certamente a Genebra calvinista, onde pátria e cidade se confundiam.[29]

A ênfase excessiva em um dos polos pode inviabilizar o outro. O foco exclusivo em nação e pátria pode ser instrumento para coibir a manifestação do conflito, a defesa dos interesses divergentes e, portanto, o desenvolvimento dos direitos políticos e da sociedade política. Por outro lado, a pura confrontação de interesses, o racionalismo contratual liberal sem o cimento de uma lealdade mais ampla também pode levar à desintegração social e à inviabilização do próprio pacto. As doses em que se misturam os dois componentes podem variar de povo para povo, mas para a construção de cidadania plena e estável é necessário que ambos estejam presentes. Esse equilíbrio não é encontrado entre os anarquistas, que negavam totalmente a ideia de pátria. Além de estar embutida na própria concepção doutrinária do anarquismo, essa negação se viu reforçada no Brasil pela reação do governo à presença de ativistas estrangeiros entre os operários. Logo que detectou tal presença, o governo procurou agir no sentido de expulsar os militantes, imitando, aliás, o que outros governos, europeus e americanos, já faziam. Embora a primeira lei de expulsão só tenha sido aprovada em janeiro de 1907 (Lei Adolfo Gordo), vimos que desde 1893 há notícias de ativistas estrangeiros sendo presos no Rio e expulsos do país. Tal atitude provocou revolta entre os militantes operários. Em 1897, folheto redigido em italiano e português convocava os operários para comício contra o absurdo e criminoso ciúme de nacionalidade. A Lei Adolfo Gordo provocou reações maiores. A Federação Operária de São Paulo lançou um manifesto em que deixava clara sua posição com relação ao conceito de pátria: "A nossa pátria é o mundo, os nossos compatriotas são hoje os operários em geral e os estrangeiros são para nós todos os capitalistas".[30]

A reação antipátria ficou ainda mais nítida nas campanhas contra a guerra e contra o serviço militar obrigatório. Como ministro da Guerra, o marechal Hermes propôs em 1907 uma lei de sorteio militar. A Federação Operária do Rio distribuiu manifesto violento contra a proposta, afirmando que só o povo pagava o tributo do sangue. Sobre pátria dizia o manifesto: "A pátria é de quem rouba e explora, a pátria é o privilégio e o monopólio, a guerra uma monstruosidade filha do interesse e da rapina". E terminava: "Nada de pátria, trabalhadores, nada de militarismo".[31] *O Baluarte* voltou várias vezes ao tema. *Terra Livre* implicou até com a comemoração da Batalha do Riachuelo, que dizia ter sido um crime feito em nome da mentira patriótica. O auge da campanha antimilitarista foi em 1908, após a aprovação da lei do sorteio. Criou-se no Rio, na sede da Federação Operária, uma Liga Antimilitarista Brasileira, que editou o jornal *Não Matarás*. O manifesto da Liga era um virulento libelo contra o militar em geral e contra o serviço militar em particular. Depois de dizer que o serviço no quartel corrompia o cidadão e destruía a família, terminava conclamando todos a não se submeterem, a se negarem a qualquer tipo de recenseamento, inclusive o eleitoral (poderia ser utilizado para o sorteio), que emigrassem, se naturalizassem cidadãos de outros países e, se afinal recrutados, que desertassem em massa. A pátria, segundo a Liga, era do interesse exclusivo da classe capitalista dominante.[32] Nesse mesmo ano, a Confederação Operária Brasileira, através de seu órgão, *A Voz do Trabalhador*, fez intensa campanha antimilitarista com o apoio do positivismo ortodoxo de Teixeira Mendes. Uma passeata e um comício foram realizados em dezembro de 1908 no largo de São Francisco, tradicional ponto de manifestações populares, com a presença de 5 mil pessoas, de acordo com *A Voz do Trabalhador*.[33]

Ao passo que o anarquismo rejeitava a ideia de pátria, ou a redefinia de maneira radical, os positivistas a enfatizavam. Em documento enviado ao governo provisório em 19 de dezembro de 1889, o Apostolado protestou contra a lei da grande naturalização e expôs sua concepção de pátria e cidadania, fazendo longa retrospectiva da evolução histórica dos dois conceitos. Para o positivismo, segundo o Apostolado, pátria se baseia na família (pai), o amor da pátria é o prolongamento do amor materno (Comte queria que se falasse em mátria...). Por outro lado, a cidade não era mais do que o prolongamento da família, daí que patriotismo e civismo eram a mesma coisa. Em Roma, cidade-pátria, ter-se-ia materializado pela primeira vez o cidadão completo.[34]

Essa concepção reduz o relacionamento social ao polo comunitário. Não cabe aí a ideia de conflito legítimo e de contrato. Pátria e cidade são coletividades de integração e de convivência afetiva. Não há direitos, apenas deveres dos membros para com a coletividade, que é um valor superior. Daí também que a grande naturalização era um absurdo, segundo o Apostolado, porque o sentimento de pátria não se impõe pela lei, desenvolve-se através de longo processo histórico de convivência: "A pátria não se leva na sola dos sapatos", repetia com Danton.[35]

Os republicanos radicais talvez tivessem sido os únicos a propor uma ideia de pátria compatível com a cidadania liberal e democrática, descontados os traços rousseaunianos que a tingiam. Mas, ao evoluir para o nativismo exacerbado do movimento jacobino e para o autoritarismo florianista, a proposta radical perdeu viabilidade política, sobretudo no Rio e em São Paulo, os centros do poder político e econômico do país, devido à presença maciça de estrangeiros entre os setores populares. O nacionalismo xenófobo seria apropriado pela elite exatamente para combater a militância operária, dando razão aos anarquistas quando diziam que pátria era só para os exploradores.

Resumindo, temos que no início da República nasceram ou se desenvolveram várias concepções de cidadania, nem sempre compatíveis entre si. Se a mudança de regime político despertava em vários setores da população a expectativa de expansão dos direitos políticos, de redefinição de seu papel na sociedade política, razões ideológicas e as próprias condições sociais do país fizeram com que as expectativas se orientassem em direções distintas e afinal se frustrassem. O setor vitorioso da elite civil republicana ateve-se estritamente ao conceito liberal de cidadania, ou mesmo ficou aquém dele, criando todos os obstáculos à democratização. Até mesmo a criação de um partido operário de 1890 encontrou resistências entre republicanos, que a viam como ameaça à ordem. O positivismo era pela ampliação dos direitos sociais, mas negava os meios de ação política para conquistá-los, tanto os revolucionários quanto os representativos. O anarquismo negava legitimidade à ordem política, a qualquer ordem política, não admitindo, portanto, a ideia de cidadania, a não ser no sentido amplo de fraternidade universal. Restavam os socialistas democráticos, os únicos a propor a ampliação dos direitos políticos e sociais dentro das premissas liberais.

A situação era de impasse. De um lado, o liberalismo foi utilizado pelos vitoriosos como instrumento de consolidação do poder, desvinculado da preocupação de ampliação das bases desse poder. De outro, demandas de ampliação foram formuladas, na maior parte, seja dentro da perspectiva integradora do positivismo, seja dentro da fuga romântica do anarquismo e do radicalismo republicano de estilo rousseauniano. Balançava-se entre a negação da participação, a participação autoritária e a alienação. Não havia fórmula viável de combinar os aspectos integrativos com os aspectos contratuais da cidadania.

A reação, pragmática antes que ideológica, a essa situação por parte dos que se viam excluídos do sistema foi o que chamamos de estadania, ou seja, a participação, não através da organização dos interesses, mas a partir da máquina governamental, ou em contato direto com ela. Foi o caso específico dos militares e do funcionalismo em geral e de importantes setores da classe operária. Essa era na verdade uma estratégia generalizada. O exame dos arquivos de políticos da época com responsabilidades executivas revela que a grande maioria dos documentos diz respeito a solicitações de benefícios. O arquivo de Rui Barbosa é exemplar: durante seu período como ministro da Fazenda, talvez mais da metade da correspondência que recebia se referia a pedidos de favores e empregos. Os pedidos vinham de todos os lados e muitos eram transmitidos por seus próprios colegas de ministério, como Benjamin Constant,

Campos Sales, Francisco Glicério. Não faltavam mesmo pedidos de Floriano e Deodoro e até de Dona Mariana, mulher de Deodoro. O único diretor de repartição que se rebelou contra essa prática, insistindo em colocar o mérito acima do empenho, foi tido como insano pelo secretário de gabinete de Rui Barbosa.[36]

3. Cidadãos inativos: a abstenção eleitoral

A efervescência ideológica dos anos iniciais da República, as conflitantes propostas de cidadania indicavam tanto a insatisfação com o passado como a incerteza quanto aos rumos do futuro. Parte das divergências poderia ser atribuída a conflitos reais entre os vários grupos sociais que naquele momento começavam a mobilizar-se. Mas a diversidade poderia ser também atribuída à insegurança dos formuladores das novas propostas quanto à reação do público a que se dirigiam ou, em alguns casos, quanto à própria identidade desse público. Assim, o exame das propostas de cidadania deve ter como contraponto o estudo dos candidatos a cidadãos e das práticas concretas de participação política.

Boa fonte de informação sobre as práticas da cidadania pode ser encontrada nos testemunhos de observadores contemporâneos, brasileiros e estrangeiros. Alguns desses testemunhos são reveladores. Vale expandir a citação já feita de Louis Couty, o biólogo francês que durante muitos anos residiu no Rio de Janeiro: "A situação funcional desta população [do Brasil] pode resumir-se em uma palavra: *o Brasil não tem povo*" (grifo meu). Segundo Couty, que escreveu esse texto em 1881, entre os índios e escravos, de um lado, calculados por ele em uns 2,5 milhões, e os 500 mil proprietários de escravos, do outro, vegetavam 6 milhões de pessoas. Entre estas, não via aquelas "massas fortemente organizadas de produtores livres agrícolas ou industriais que, em nossos povos civilizados, constituem a base de toda a riqueza", e que também constituem as massas de eleitores "capazes de impor ao governo uma direção definida".[1] Seu pessimismo preconceituoso ia ao ponto de achar que não seria possível formar tal massa de cidadãos com elementos nativos. Seria necessário buscar cidadãos na Europa através do incentivo à imigração.

Alguns anos mais tarde, depois de assistir aos acontecimentos que cercaram a proclamação da República, o representante francês, Blondel, observou que o povo do Rio, "antes surpreso que estusiasmado, não pode compreender o que se passa". Dois dias mais tarde, o ex-embaixador Amelot, escrevendo de Paris, tentaria explicar ao ministro dos Assuntos Estrangeiros as razões da total ausência de reação popular ao "*coup de caserne*": "No Rio não há nem povo, nem operários, nem artífices, [apenas] alguns grupos de pessoas de cor, fáceis pretorianos cujas aclamações se compram a baixo preço".[2] Outra não era a impressão de Adam, o representante inglês. Comentando boatos sobre possível movimento em favor da restauração monárquica em maio de 1891, afirmava que qualquer mudança iria depender da intervenção militar, pois "o grosso da população não se interessa por política". Os militares, continuava, poderão impor qualquer governo que o povo o aceitará "com submissão como aceitou a República em novembro de 1889".[3]

Não há dúvida de que tais observações traduziam preconceitos de europeus em relação à população do país, inclusive preconceitos raciais. Mas elas têm interesse por estarem implicitamente comparando a situação brasileira com a da Europa. O que na realidade diziam os representantes era que qualquer semelhança entre os sistemas políticos do Brasil e da Europa era enganadora, superficial, mera coincidência. Tratava-se de realidades totalmente distintas. Afirmavam, mais especificamente, que, à diferença da Europa, no Brasil não havia participação do povo nos negócios públicos, nem mesmo do povo entendido como burguesia à maneira de Couty. No Brasil não havia povo político, não havia cidadãos, nem mesmo na capital do país. A política era, na melhor das hipóteses, assunto dos estados-maiores das classes dominantes. Na pior, produto das rivalidades de chefes militares, entrando o povo apenas fortuitamente como massa de manobra.

Essas observações não estão, no entanto, distantes da frase de Aristides Lobo, segundo a qual o povo teria assistido "bestializado" à proclamação da República, sem entender o que se passava. É quase exatamente a mesma opinião do embaixador francês, que não era simpático ao movimento. A opinião de Aristides Lobo foi repetida dois anos após a proclamação por outro intelectual profundamente engajado na propaganda e depois no esforço de consolidação do novo regime. Em crônica de 14 de setembro de 1891 no *Jornal do Commercio*, Raul Pompeia reclamou da apatia cívica do povo do Rio de Janeiro. Em todos os países, disse ele, a capital é o coração do organismo nacional, o centro de vitalidade cívica. Não era assim na capital do Brasil. Quem observa o Brasil diria que ele está morto, pois "o espírito público do Rio de Janeiro é um ausente". Foi preciso que a República introduzisse as paradas de tropas para salvar o decoro cívico nas festas nacionais. Uma semana mais tarde, Raul Pompeia continuou se queixando da indiferença fluminense pelos negócios da municipalidade, indiferença só quebrada quando se sentiam atingidos diretamente na algibeira. E dizia com amargura: "Desenganem-se os idealistas: o povo fluminense não existe. [...] Dirão que o povo fluminense fez a agitação abolicionista e a agitação republicana [...]. O povo não fez nada disso. Um grupo de homens denodados, bastante ativo é certo, para parecer a multidão, fez o movimento abolicionista e o movimento republicano do Rio de Janeiro. Em volta desses campeões devotados acercavam-se curiosos; e foi só".[4]

A apatia política do povo era particularmente dolorosa e frustrante para homens como Aristides Lobo e Raul Pompeia. O primeiro vinha dos tempos heroicos da propaganda. O segundo, abolicionista e republicano desde os bancos acadêmicos, fizera parte do grupo de intelectuais que saudara com entusiasmo o novo regime. Acreditando na superioridade da República sobre o antigo sistema por ser o regime da soberania popular, era-lhe especialmente embaraçoso admitir que o povo não parecia interessado no título de cidadão que se lhe oferecia e pelo qual passou a ser tratado. Pela mesma razão, seu testemunho é insuspeito, pois tinham todo o interesse em fazer ressaltar o apoio, se possível o entusiasmo popular, pela República.

Apesar da insuspeição é preciso examinar com cautela tais testemunhos e não tomá-los desde logo como exatas descrições da realidade. Já vimos em capítulo anterior que eram várias as concepções de cidadania vigentes à época. Cabe perguntar agora também se a percebida inexistência de povo não era consequência antes do tipo de povo ou de cidadão que se buscava. Tanto os observadores estrangeiros quanto os intelectuais republicanos estavam sem dúvida buscando o cidadão ao estilo europeu, fosse ele o bem-comportado burguês vitoriano, o jacobino de 1789, o eleitor bem informado ou o militante organizado das barricadas. Se inexistia esse povo, quem era povo no Rio? Ou que povo era o povo do Rio? Era ele de fato totalmente alheio à política, desinteressado de participar até mesmo dos assuntos municipais? Era de fato um bestializado?

A afirmação da inexistência de povo político, de apatia total da população era claramente exagerada. A história da cidade desde a independência indicava intensa participação popular nos acontecimentos políticos, sobretudo durante o Primeiro Reinado e a Regência. Mesmo no período mais tranquilo do Segundo Reinado, houve momentos de agitação popular, como durante a crise que levou ao rompimento com a Inglaterra e em especial durante a Revolta do Vintém, em 1880. Nesta última, uma multidão de mais de 5 mil pessoas reuniu-se no centro da cidade, arrancou trilhos de bondes e pedras do calçamento das ruas, construiu barricadas, lutou contra a polícia. Três mortos e mais de vinte feridos resultaram do conflito. Mais perto da República, a campanha abolicionista também teve momentos de intenso envolvimento popular em comícios, demonstrações perante a Câmara, desfiles comemorativos.

Se na proclamação da República a participação popular foi realmente arranjada de última hora e de efeito apenas cosmético, logo após as agitações se tornaram cada vez mais frequentes e variadas, incluindo greves operárias, passeatas, quebra-quebras. O auge da agitação deu-se entre a Revolta da Armada em 1893 e o atentado contra Prudente de Morais em 1897. Nesse período cessam as observações de brasileiros e estrangeiros sobre a passividade popular. É a época do jacobinismo florianista, que trazia em constante alvoroço as representações estrangeiras, particularmente a portuguesa, e irritava profundamente, quando não atemorizava, as correntes conservadoras e mesmo liberais do republicanismo. Nessa época, as impressões que os representantes estrangeiros transmitem a seus governos podem ser resumidas no que Raikes escreveu a Salisbury em 6 de julho de 1897. Comentando a opinião do ministro das Relações Exteriores de Prudente de Morais, Dionísio Cerqueira, que não acreditava mais em distúrbios no Rio, observa: "Na verdade, no Rio de Janeiro desordens são provocadas de modo tão inesperado e por razões tão fúteis que acho sua excelência otimista demais".[5]

Como principal vítima dos ataques jacobinos, o representante português tendia a reagir mais intensamente às agitações. Desde o final de 1892, quando surgem batalhões e clubes patrióticos, Paço d'Arcos não cessa de invectivá-los. Para ele, o Club Tiradentes, dirigido por Sampaio Ferraz, que fora o primeiro chefe de polícia da República, era composto de voluntários "da pior espécie, que, quais novos marselheses, se preparam com o seu Barbaroux para alguma repetição d'um 10 d'Agosto!". Segundo ele, Sampaio, ao despachar os capoeiras para Fernando de Noronha, teria deixado no Rio os capangas e vadios de sua confiança para formar seu batalhão de sicários.[6] Durante a Revolta da Armada, Paço d'Arcos só via nos batalhões e nos clubes republicanos a participação da canalha das ruas, não passando essas organizações de quadrilhas.[7] Era geral entre os representantes estrangeiros nesse período o receio de anarquia generalizada na cidade, seguida de assaltos e saques. Foi mesmo preparado um plano para, em tal eventualidade, ser efetuada uma intervenção militar destinada a retirar da cidade os estrangeiros e recolhê-los a bordo dos navios de guerra surtos no porto.[8]

Com o governo de Campos Sales, houve um ligeiro recuo nas agitações, mas não seu total desaparecimento. Em 1900 houve nova conspiração para derrubar o governo envolvendo monarquistas e lideranças republicanas insatisfeitas. O ponto culminante da expressão popular veio, no entanto, em 1904 com a revolta contra a vacina obrigatória, que será analisada no próximo capítulo. Durante uma semana partes da cidade foram tomadas por grupos populares, o tráfego parou, bondes foram queimados, postes de luz destruídos, barricadas levantadas. De novo, o representante inglês se referia aos revoltosos como "*mob*", "*lowest elements of the populace*".

De uma afirmação inicial de apatia, de inexistência de povo, passa-se então para outra, que afirma a presença de elementos da população politicamente ativos, mas que não se enquadram no conceito de povo que os observadores tinham em vista. Não eram cidadãos. Era a "*mob*" ou "*dregs*" ("escória") para o representante inglês; a "*foule*" para o francês; a "canalha", a "escuma social" para o português, quando não eram simplesmente bandos de negros e mestiços. Na melhor das hipóteses, eram jacobinos, palavra que mesmo para o representante francês tinha conotações negativas, pois lhe parecia quase um insulto o uso da expressão para identificar um tipo de gente que não achava estar à altura dos exemplos originais que haviam agitado as ruas de Paris um século antes. A essa multidão atribuíam as características que lhe daria Gustave Le Bon de ser guiada pela paixão e não pela razão, de ser explosiva, inconstante, facilmente excitável por demagogos. No caso brasileiro, era movida especialmente pelo ódio ao estrangeiro, por um nativismo exacerbado.[9]

Raul Pompeia também teve suas dificuldades para interpretar os acontecimentos. Desde a queda de Deodoro, em novembro de 1891, a agitação política aumentou, envolvendo vários segmentos da população. Em dezembro morria Pedro II, fato aproveitado pelos monarquistas para grandes manifestações. Correram rumores de movimento restaurador, houve motins em navios e revoltas de fortalezas. Cresceu também a oposição a Floriano Peixoto, ocorrendo até uma tentativa de golpe em abril de 1892. Com isso, não se podia mais negar a presença de povo. Mas o povo nem sempre aparecia do lado que o florianista e republicano entusiasta que era Raul Pompeia julgava correto. A saída que ele encontrou para o impasse foi negar a posição anterior que postulava a ausência de povo atribuindo-a à cegueira palerma dos que descriam do caráter nacional. O problema não era a ausência de povo: era povo demais. Mais especificamente, era haver mais de um povo: "Aqui há povo; há mais que povo: há povos". Entre os povos, havia o bom e o mau povo: o bom era o brasileiro republicano, nacionalista, florianista; o mau, o estrangeiro, particularmente o português, antinacional, monarquista ou, na melhor das hipóteses, politicamente apático: "Os povos, portanto, não comparecem às manifestações em que o povo se manifeste por Floriano; e assim a multidão que comparece proporcionalmente à que existe na cidade parece pequena".[10]

Mas mesmo a parcela de povo autêntico lhe parecia pouco confiável, e ele acabou por caracterizá-la de modo semelhante ao dos diplomatas estrangeiros. As desordens de praça pública no Rio, segundo ele, tinham a mesma inconstância do clima fluminense: "Nascem da surpresa, do disparate, ninguém sabe como nem por quê; mas também, com o mesmo estouvamento e inopinado, desaparecem e à francesa vão-se embora". Vêm e vão sem deixar traço, como se nem de verdade fossem, como se não passassem de hidras de papelão.[11] Em 1895, pouco antes de morrer, já desaparecido Floriano, voltou à posição inicial, novamente descrente da possibilidade de encontrar povo no Rio de Janeiro. Passou, então, a opor a capital à nação; o Brasil estaria na província, o Rio de Janeiro seria a antinação, o centro do cosmopolitismo português, inimigo da República e do Brasil: "Todas as dificuldades da República reduzem-se a isso — o estado permanente de revolta da capital contra a nação".[12]

Definitivamente, nem para os estrangeiros (que tinham em vista os modelos de seus países), nem para os republicanos radicais (que talvez acalentassem modelos ainda mais idealizados), a população do Rio passava no teste de cidadania. E, no entanto, assim como o Império copiara o modelo europeu das monarquias parlamentares, a República se aplicara mais ainda em importar a parafernália institucional da república democrática norte-americana. Havia uma constituição que garantia os direitos civis e políticos dos cidadãos, havia eleições, havia um parlamento, havia tentativas de formar partidos políticos. A mesa estava posta, por que não apareciam os convivas? Onde estavam eles?

O POVO DOS CENSOS

Comecemos por dar uma ideia geral da composição da população fluminense no início e no fim do período que nos ocupa (tabela 2). Os dados do censo de 1890 são reconhecidamente precários. Mas não há como não utilizá-los, dada a inexistência de melhores.

As classificações adotadas pelos dois censos variam. A primeira diferença é que o censo de 1906 não separa banqueiros, capitalistas e proprietários, como o faz o de 1890. A segunda é que em 1906 não há categoria especial de artistas. Finalmente, em 1906 há categorias novas, como jornaleiros, profissões desconhecidas e mal definidas, classes improdutivas e os que vivem de rendas. Como não nos interessa aqui um grande desdobramento das categorias, tais diferenças não prejudicam a análise. Igualmente, para tornar o quadro mais adequado a nossos propósitos, eliminamos a população empregada na agropecuária (muito pequena) e os inativos e sem profissão. O fato de as categorias da tabela 2 não apresentarem grandes variações percentuais entre os dois censos parece indicar que a divisão adotada não distorceu os dados. Em termos de classificação por setores, a categoria mais problemática é certamente a do comércio. Ela foi colocada no setor intermediário, mas sem dúvida pequena parte poderia ir para a classe alta (grandes atacadistas) e parte razoável para o operaria-

Tabela 2
POPULAÇÃO ECONOMICAMENTE ATIVA, RIO DE JANEIRO, 1890, 1906

		1890	%	1906	%
Classe alta	Banqueiros	44			
	Capitalistas	517			
	Proprietários	2 267			
		2 828	1,1		
Setores intermediários	Profissionais liberais	3 395		12 050	
	Funcionários públicos	18 226		28 921	
	Profissões técnicas	2 885		—	
	Comércio	48 048		62 775	
		72 554	27,4	103 746	24,4
Operariado	Artistas	5 859		—	
	Extração	703		893	
	Manufatura	48 661		77 450	
	Transporte	10 733		22 807	
		65 956	25,0	101 150	23,8
Proletariado	Serviço doméstico	74 785		117 904	
	Jornaleiros	—		29 933	
	Outros*	48 100		72 087	
		122 885	46,5	219 924	51,8
		264 233	100,0	424 820	100,0

FONTES: Censos de 1890 e 1906. Excluídos inativos e empregados na agropecuária (1890); os sem profissão, empregados na pecuária, classes improdutivas e os que vivem de renda (1906).
* Inclui os sem profissão declarada (1890) e os de profissão desconhecida e mal definida (1906).

do (balconistas). Na impossibilidade de fazer tal distinção, decidimos pela classificação intermediária.

O ponto que mais nos interessa aqui, no entanto, diz respeito à pirâmide ocupacional, que era extremamente ampla na base e muito afunilada no vértice. No alto havia um pequeno grupo de banqueiros, capitalistas e proprietários. Seguia-se um precário setor médio, composto basicamente de funcionários públicos, comerciários e profissionais liberais. De tamanho semelhante ao anterior era o setor do operariado, que incluía principalmente artistas, operários do Estado e trabalhadores das novas indústrias têxteis, além dos empregados em transportes. Finalmente, vinha o que dava ao Rio marca especial em relação a outras grandes cidades da época: o enorme contingente de trabalhadores domésticos, de jornaleiros, de pessoas sem profissão conhecida ou de profissões mal definidas. Esse lúmpen representava em torno de 50% da população economicamente ativa, com pouca variação entre 1890 e 1906.

Para se ter alguma referência comparativa, reproduzimos a tabela 3, que compara a estrutura ocupacional do Rio em 1906 com a de outras sete grandes cidades da América Latina, da América do Norte e da Europa. Excluindo-se o setor primário, vê-se que as grandes diferenças entre as cidades latino-americanas em geral, e o Rio em particular, e as outras cidades estavam em dois pontos: o pequeno peso das profissões e o grande peso do serviço doméstico nas primeiras. O Rio ainda se distinguia por ter um setor industrial muito pequeno.

Comparando-se o Rio com a Buenos Aires de 1887, vemos que, mesmo em duas grandes cidades de países de economia exportadora, as diferenças na estrutura ocupacional eram grandes. Fazendo para Buenos Aires a mesma separação por setores da tabela 2, teremos na classe alta 0,7%, nos setores intermediários 25,6%, no operariado 40,8% e no proletariado 32,9%. A grande

Tabela 3

ESTRUTURA OCUPACIONAL DE VÁRIAS CIDADES (EM PORCENTAGENS)

Cidade	Data	Exploração do solo e subsolo	Indústria	Transporte	Comércio	Força pública	Administração	Profissões	Rendas	Serviços domésticos	Total
Buenos Aires	1914	1,4	42,2	7,0	14,9	0,6	8,2	8,5	2,1	15,1	100,0
México	1900	18,7	33,1	1,5	13,9	3,5	7,0	4,2	1,5	16,6	100,0
Washington	1910	0,8	24,6	7,9	26,9	1,9	2,8	23,3	—	11,8	100,0
Nova York	1910	0,5	40,6	7,9	25,8	0,9	1,0	16,8	—	6,5	100,0
Rio	1906	6,6	29,7	5,9	16,1	4,2	3,1	3,2	0,9	30,3	100,0
Lisboa	1911	2,9	37,1	8,2	18,9	6,3	3,0	4,2	5,9	13,5	100,0
Londres	1912	0,4	35,7	13,0	22,5	0,9	3,5	14,5	—	9,5	100,0
Paris	1911	0,2	45,3	5,9	24,6	1,5	3,6	7,6	—	11,3	100,0

FONTE: Recenseamento de 1920. v. II, p. CXXXI, CXXXII.

diferença — de quase 20 pontos percentuais — estava na maior presença do operariado em Buenos Aires e no grande proletariado do Rio. No primeiro caso, a economia já absorvera muito mais mão de obra no mercado formal de trabalho, ao passo que no segundo muito mais gente permanecia à margem ou nos interstícios desse mercado.[13]

A massa dos 50% do que chamamos de proletariado era constantemente alimentada pela imigração, que atingiu grandes proporções nos anos iniciais da República, proveniente tanto do resto do país quanto do exterior, especialmente de Portugal. Interioranos de um lado e "galegos" de outro vinham engrossar a multidão dos jornaleiros, domésticos, ambulantes, todo um leque de ocupações variadas. Engrossavam também o número dos assaltantes, pivetes, jogadores, malandros e vagabundos em geral. Era um Rio subterrâneo, menos visível, mas que se vinculava umbilicalmente ao Rio oficial, sobreterrâneo. João do Rio descreveu melhor que ninguém esse lado da cidade, sobretudo em sua coletânea de crônicas *A alma encantadora das ruas*. Apesar de estranho ao mundo subterrâneo, sua curiosidade e às vezes mesmo certa simpatia contribuíram para que nos desse um testemunho inestimável.

As acusações de Raul Pompeia e as campanhas jacobinas contra os portugueses chamam a atenção para outro aspecto da composição demográfica da população do Rio que é preciso examinar. Trata-se da presença de estrangeiros. De acordo com o censo de 1890, 30% da população da cidade era composta de estrangeiros. Destes estrangeiros, 70%, ou seja, 106 461, eram portugueses. A presença portuguesa era particularmente forte em alguns setores da população. Em 1890 eles compunham 40% dos artesãos, 51% dos empregados no comércio e 53% dos empregados em transportes. Certas profissões eram quase monopólio português. O embaixador de Portugal avaliou em 90% a participação de portugueses entre carroceiros e cocheiros.[14]

A presença estrangeira era ainda muito forte entre a classe proprietária. Estrangeiros eram, em 1890, cerca de 30% dos proprietários, banqueiros e capitalistas. Esses dados, tirados do censo, estão provavelmente subestimados. Segundo Assis Brasil, o estrangeiro (leia-se o português) era "proprietário de quase toda esta cidade, principalmente da parte dela que serve de abrigo às classes média e proletária".[15] Ainda segundo esse autor, os aluguéis eram controlados monopolisticamente e exigiam-se dos inquilinos cartas de fiança, só sendo aceitas as de comerciantes portugueses, que, para fornecê-las, pediam depósito de dois meses de aluguel e compromisso de comprar em sua casa. Assis Brasil era um florianista e seu depoimento pode ser por isso considerado suspeito. Mas o antilusitanismo possuía uma venerável tradição no Rio de Janeiro, remontando à época da independência e da Regência. A queixa mais antiga visava o controle do comércio, tanto no que se referia à propriedade das casas quanto ao favorecimento de portugueses na oferta de empregos. O que o surto de antilusitanismo do início da República acrescentou foi a queixa contra o controle de prédios de aluguel, especialmente das habitações coletivas, incluídos aí os cortiços.

Outra fonte, agora insuspeita, confirma a enorme participação portuguesa no controle da riqueza da cidade. Em relatório escrito em 1893, um funcionário da legação portuguesa calculava que seus patrícios controlavam cerca de 70% do capital financeiro, comercial e imobiliário do Rio.[16] É possível que o funcionário também quisesse exagerar, por razões opostas às dos jacobinos, a influência portuguesa. Mas sua experiência e conhecimento da cidade dão certa credibilidade a seus cálculos.

Não há como fugir à importância que tinha para a vida política da cidade a maciça presença estrangeira. Raul Pompeia não estava tão equivocado ao falar em povos distintos. Ele errava era em acusar de apatia esses povos. As primeiras greves operárias que agitaram a República tiveram participação conspícua de carroceiros, que, como vimos, eram em grande maioria portugueses, mais precisamente galegos. A participação dessa categoria em movimentos grevistas, muitos com conotação política, continuou pelo menos até 1904. Em 1900, um português, Borlido, proprietário de grande parte das carroças da cidade, envolveu-se no planejado golpe para derrubar Campos Sales, arquitetado pelos tenentes Vinhaes e Costa Mendes, com o apoio dos monarquistas. Os representantes de Portugal estavam constantemente censurando seus patrícios por se envolverem na política do país.[17]

O novo regime procurou desde o início resolver o problema. A lei da grande naturalização de 1890 declarava cidadãos brasileiros todos os estrangeiros que em seis meses não manifestassem expresso desejo de manter sua cidadania original. Não há dados precisos sobre os efeitos da lei. Pelos relatórios diplomáticos dos representantes inglês, francês e português, percebe-se que houve reação geral contra a lei. As pequenas colônias, como a inglesa, a francesa, a alemã, tinham melhores condições de resistir à naturalização, tanto por seu tamanho quanto pela força política de seus governos. Portugal, ao contrário, tinha enorme colônia e pouco poder. Seus embaixadores queixavam-se constantemente da lei, dos engodos e do arbítrio empregados pelas autoridades para conseguir a naturalização. Entre os engodos mais comuns estava o de oferecer algumas vantagens da cidadania brasileira, como um cargo de inspetor de quarteirão, ou o direito de voto. Uma vez tendo aceito o cargo, ou tendo votado, a opção pela cidadania estava indiretamente feita. O meio arbitrário mais empregado era o recrutamento forçado para o serviço militar.[18]

O censo de 1890 fornece alguns dados sobre a opção pela nacionalidade brasileira (tabela 4).

Tabela 4

OPÇÃO PELA NACIONALIDADE BRASILEIRA, 1890

(PAÍSES SELECIONADOS)

Naturalidade	Número de optantes	% s/ total da colônia
Alemães	530	30
Ingleses	169	9
Espanhóis	1 296	12
Italianos	1 676	9
Franceses	806	20
Norte-americanos	28	11
Portugueses	19 675	18
	24 180	
Outros	6 903	51
Total geral	31 083	20

FONTE: Censo de 1890. pp. 236-7.

Os dados devem ser tomados com cautela, como tudo que se refere ao censo de 1890. Mas é sintomático que somente 20% dos estrangeiros tinham à época optado pela cidadania brasileira. Mesmo os portugueses, com a mesma língua, a mesma religião, a mesma cultura, não se entusiasmavam pelas possíveis vantagens de ser brasileiro. O índice mais alto de naturalização está na categoria "outros", que é formada quase exclusivamente por africanos. A realidade é que os estrangeiros tinham seu interesses mais bem defendidos do que os nacionais, que os custos da cidadania brasileira eram maiores que suas vantagens. As representações estrangeiras estavam sempre prontas a defender seus nacionais, salientando-se quanto a esse ponto os diplomatas ingleses. Já se tinham ido os tempos da extraterritorialidade, mas o peso inglês na economia do país e em sua dívida externa dava ao representante desse país enorme influência. A pressão da legação inglesa sobre o governo brasileiro se exercia mesmo quando não julgava pertinentes as demandas de seus cidadãos.[19] A Itália era também particularmente agressiva na defesa de seus nacionais. Como é sabido, o governo italiano chegou a suspender a emigração para o Brasil. Juntamente com a França, ela promoveu intensa campanha entre seus cônsules para conseguir o maior número possível de declarações de manutenção de nacionalidade. Segundo funcionário da embaixada portuguesa, o embaixador italiano lhe dissera em 1893 que já obtivera 800 mil declarações.[20]

Portugal não estava em tão boas condições de proteger eficazmente seus nacionais. O uso da força não lhe podia valer. A única vez que tentou fazê-lo durante a Revolta da Armada, o ato lhe custou o rompimento das relações diplomáticas, mais prejudicial a ele que ao Brasil. Por outro lado, a corrupção dos agentes diplomáticos portugueses reduzia sua eficácia e sua credibilidade. A embaixada acusava em 1893 um baixo número de opções pela cidadania portuguesa. Aparentemente, no caso dos portugueses, a maioria se tornou brasileira antes por ineficiência da representação do que pelos atrativos da nova situação. De fato, segundo funcionário da embaixada, o maior receio dos portugueses com relação à cidadania brasileira era a obrigação de servir na Guarda Nacional e nas forças de terra e mar. Estava aí, de outro lado, um dos interesses do governo em promover a naturalização: aumentar o estoque de contribuintes do imposto do sangue. Ilegalmente, muitos portugueses já eram forçados a servir na Marinha e no Exército.

Pelo lado social e demográfico, portanto, não eram favoráveis as perspectivas para a cidadania política no Rio de Janeiro no início da República. De um lado, grande parcela da população se colocava fora do mundo organizado do trabalho, numa situação em que era difícil a percepção dos mecanismos que regiam a sociedade e a política. De outro, a grande presença estrangeira, particularmente portuguesa, também reduzia o envolvimento organizado na vida política da cidade. A participação de portugueses em greves de carroceiros e cocheiros, ou nos distúrbios, tinha caráter esporádico e desestruturado, quando não causava divisões, como no caso de associações operárias do porto.[21] Para os que não tinham optado pela cidadania brasileira, a participação adquiria mesmo um caráter de irresponsabilidade, na medida em que sempre se podia apelar, em caso de prisão, para a proteção do consulado. Acrescente-se ainda o nível de alfabetização que, embora fosse o mais alto do país, em torno de 50% da população total, excluía grande número de pessoas do direito de voto e das condições de se beneficiar da instrução como instrumento de ação política. Numa época em que o único meio de comunicação de massa era o jornal, o analfabetismo constituía grande desvantagem política.

O POVO POLÍTICO

Teriam os críticos razão quanto à apatia política dos fluminenses? A resposta deve ser buscada inicialmente na participação através dos canais oficiais. Embora a República tivesse eliminado o voto censitário, manteve, por outro lado, todas as outras restrições, inclusive a exclusão dos analfabetos e das mulheres. Sendo, no entanto, a população do Rio a mais urbanizada do país e razoavelmente alfabetizada, era de se esperar que fosse a mais independente de chefetes políticos e a mais preparada para o exercício da cidadania. Comecemos por examinar o que seria o eleitorado potencial da cidade tendo em vista as limitações legais. Os dados estão na tabela 5.

Do último número obtido é preciso excluir ainda os estrangeiros. Já vimos que não há dados confiáveis a nível nacional sobre o número de pessoas que fizeram a opção pelo Brasil. No que se refere ao Rio, José Augusto Vinhaes afirmou na Câmara, em 1891, que o número dos que tinham optado por manter a cidadania estaria em torno de 10 a 12 mil.[23] Teríamos assim por volta de 100 mil pessoas aptas a votar, ou seja, mais ou menos 20% da população total.

Tabela 5

ELEITORADO POTENCIAL DO RIO DE JANEIRO, 1890

População fixa total	515 559
Excluindo menores de 21 anos, ficam	299 827
Excluindo as mulheres, ficam	174 565
Excluindo os analfabetos, ficam	118 704
Excluindo as praças de pré e frades, ficam	109 421

FONTE: Censo de 1890[22]

A exclusão de 80% da população do direito político do voto já é um indicador do pouco que significou o novo regime em termos de ampliação da participação. O quadro agrava-se se examinarmos o uso que a população fazia da franquia existente, isto é, o número de fluminenses que se alistavam e realmente votavam nas eleições republicanas. Para a eleição da Constituinte em 1890, foram alistados 28 585 eleitores, ou seja, 28% do eleitorado potencial, 9,5% da população adulta, 5,5% da população total. Nas primeiras eleições diretas para presidente, em 1894, votaram apenas 7857 pessoas, ou seja, 7% do eleitorado potencial, 1,3% da população.[24] Em 1896 os alistados tinham subido para 42 252, mas nas eleições desse ano para o Congresso votaram 13 127 eleitores, o que correspondia a 31% dos alistados, 13% do eleitorado potencial, 2,5% da população total.

As coisas não mudaram muito com o passar do tempo. Nas eleições presidenciais de 1910, 21 anos após a proclamação da República, havia no Distrito Federal 25246 eleitores, isto é, 2,7% da população calculada para esse ano. Apenas 8687 compareceram às urnas, isto é, 34% dos eleitores e 0,9% da população total. Computando somente os votos apurados — a química eleitoral da época conseguia anular muitos votos —, verificamos que representavam 18% dos eleitores e 0,5% da população total.[25] Pode-se dizer que a República conseguiu quase literalmente eliminar o eleitor e, portanto, o direito de participação política através do voto. Uma comparação com Nova York deixa claro o contraste. Lá, em 1888, 88% da população adulta masculina votou para presidente. O número equivalente para o Rio em 1896 foi 7,5%. Em todos os Estados Unidos, 18% da população votou para presidente em 1888.[26] O mais escandaloso é que a participação eleitoral na capital em 1910 era a metade da média geral do país. Nenhum estado da federação apresentava participação tão baixa.[27]

Pelo critério da participação eleitoral, pode-se dizer que de fato não havia povo político no Rio de Janeiro. O pequeno eleitorado existente era em boa parte composto de funcionários públicos, sujeitos a pressões da parte do governo. Assim é que, por exemplo, na paróquia de São Cristóvão, um bairro operário, 38% dos alistados em 1890 eram funcionários públicos.[28]

Se a exclusão legal do processo eleitoral é fácil de entender, a autoexclusão exige maior esforço de interpretação. Aparentemente, grande parte dos adultos escolhia não ser cidadão ativo, para usar a expressão jurídica da constituição imperial. Uma das razões para esse comportamento era sem dúvida a fraude eleitoral, que a República nada fez para eliminar. O próprio Silva Jardim, o mais radical dos propagandistas, o agitador das multidões do Rio, o defensor da proclamação da República através da ação revolucionária do povo, propôs na Comissão de Regulamentação e Recenseamento Eleitoral, em 1890, que se criassem "agentes eleitorais", pagos pelo governo para alistar os cidadãos pois, segundo ele, o povo votava em quem o alistava. A lei deveria ser usada de modo certo para garantir a vitória republicana.[29] O Regulamento Alvim, que regeu as primeiras eleições da República, suprimiu os fiscais da legislação anterior, deixando a mesa escrutinadora à mercê dos mesários, delegados das intendências municipais. Escrevendo no final da década, um adversário do novo regime observou que na maioria dos estados não havia eleições: "Vêm ao Congresso os designados da polícia e dos mandões locais". E prosseguia: "Não vota a décima parte do eleitorado. Quando nas atas se atesta concorrência numerosa, ficai certos que o excesso de voto é forgicado a bico de pena".[30] Um pouco mais tarde, Lima Barreto diria que na República dos Bruzundangas "de há muito os políticos práticos tinham conseguido quase totalmente eliminar do aparelho eleitoral este elemento perturbador — o voto". Era a própria descrição da república dos fluminenses.[31]

No caso do Rio de Janeiro, havia também outra boa razão para que os cidadãos não se aventurassem a exercer seus direitos. Além de ser inútil, votar era muito perigoso. Desde o Império, as eleições na capital eram marcadas pela presença dos capoeiras, contratados pelos candidatos para garantir os resultados. A República combateu os capoeiras, mas o uso de capangas para influenciar o processo eleitoral só fez crescer. Fiel cronista da cidade, Lima Barreto observa em *Os Bruzundangas* que às vésperas de eleição ela parecia pronta para uma batalha. Conhecidos assassinos desfilavam em carros pelas ruas ao lado dos candidatos. Em *Numa e a ninfa*, referindo-se certamente a fato verídico, menciona determinado coronel da Guarda Nacional que incluía entre os preparativos para as eleições a contratação de um médico para atendimento aos possíveis feridos, que seriam, sem dúvida, vítimas de seus próprios capangas. As eleições eram decididas por bandos que atuavam em determinados pontos da cidade e alugavam seus serviços aos políticos.[32]

Assim, além de ser mínima a participação eleitoral, o processo era totalmente deturpado. Ironicamente, eram em geral elementos provenientes da população pobre que se prestavam à tarefa de ganhar as eleições a todo o custo. É outra vez Lima Barreto que nos dá, através do personagem Lucrécio Barba de Bode, descrição viva desse tipo de empresário político. Lucrécio era mulato e fora carpinteiro, um artesão honesto. Ao entrar em contato com políticos, abandonou a profissão e tornou-se agenciador de manifestações políticas produzidas com participantes pagos, organizador de claques e vaias nas galerias da Câmara, garantidor de vitórias eleitorais, libertador de presos. A proteção política colocava-o acima da lei: "começou a usar armas, a habituar-se a rolos eleitorais, a auxiliar a soltura dos conhecidos pedindo e levando cartas deste ou daquele político para as autoridades. Perdeu o medo das leis, sentiu a injustiça do trabalho, a niililidade do bom comportamento".[33] O personagem literário de Lucrécio era certamente baseado em tipos reais. José Vieira descreve em *A cadeia velha* a figura de Pinto de Andrade, que bem poderia ter sido a inspiração para a criação de Lucrécio. Pinto de Andrade, participante da conspiração militar de 1904, paralela à Revolta da Vacina, era um agitador típico, organizador de manifestações dentro e fora do recinto da Câmara.[34]

O exercício da cidadania política tornava-se assim caricatura. O cidadão republicano era o marginal mancomunado com os políticos; os verdadeiros cidadãos mantinham-se afastados da participação no governo da cidade e do país. Os representantes do povo não representavam ninguém, os representados não existiam, o ato de votar era uma operação de capangagem. Editorial da revista *Careta*, de 1915, intitulado "A ficção da soberania popular", bem reflete tal situação. O autor desconhecido observa que, em população de 1 milhão, deputados se elegiam com mil ou 2 mil votos. Destes pouquíssimos votos, a maioria era falsa. Votavam defuntos e ausentes e as atas eram forjadas. Ninguém mais se escandalizava, pois todos sabiam que "o exercício da soberania popular é uma fantasia, e ninguém a toma a sério". O Congresso assim formado "não merece a confiança do povo que por isso se desinteressa da sua escolha e composição".[35]

Como seria de esperar, a ausência de participação eleitoral encontrava sua contrapartida na ausência de partidos políticos. O início da República foi marcado pelo esforço de criação de partidos, particularmente na área operária. Vários partidos operários foram organizados. Mas nenhum deles teve vida longa. Nem mesmo os partidos socialistas, de escopo mais amplo, liderados por intelectuais de classe média, tiveram qualquer êxito. Aos partidos de classe alta não coube melhor sorte. O partido republicano do Rio de Janeiro fora afligido desde sua fundação, em 1870, por divisões internas. A vida de oposição ainda lhe permitira certa aparência de unidade. Porém, a vitória em 1889 pôs a nu as divergências e o partido desapareceu. Tentativas de organizar novos partidos, como o Partido Republicano Conservador, ou o Partido Republicano Federal, não deram em nada. A República, ao contrário do Império, não via com bons olhos os partidos, a não ser que fossem partidos únicos, como o PRM, o PRP, o PRR. Todavia, a população do Rio era excessivamente independente e socialmente fragmentada para sujeitar-se à disciplina de partidos únicos. Restava então um sistema político vazio, sem partidos, sem eleitores. Organizações políticas não partidárias, como os batalhões patrióticos do período florianista, eram logo desmobilizadas, uma vez passada a necessidade imediata que as gerara. Mesmo os clubes jacobinos tiveram duração curta e alcance restrito.[36]

Em termos do sistema político formal, Couty e Raul Pompeia tinham razão: o Rio não tinha povo. O povo do Rio, quando participava politicamente, o fazia fora dos canais oficiais, através de greves políticas, de arruaças, de quebra-quebras. Ou mesmo através de movimentos de natureza quase revolucionária, como a Revolta da Vacina. Mas na maior parte do tempo dedicava suas energias participativas e sua capacidade de organização a outras atividades. Do governo queria principalmente que o deixasse em paz.

4. Cidadãos ativos: a Revolta da Vacina

Oitenta por cento da população do Rio de Janeiro não tinha direito à participação política pelos mecanismos eleitorais; 20% tinha tal direito, mas não se preocupava em exercê-lo. Por outro lado, sugerimos em várias ocasiões que com frequência havia manifestações populares de caráter político. Os cidadãos inativos pelo critério constitucional revelavam-se então não só profundamente atentos a aspectos do exercício do poder que lhes afetavam a vida cotidiana como também dispostos a ir até as últimas consequências para defender o que consideravam seus direitos.

Neste capítulo tentaremos capturar um pouco do que seria a concepção dos direitos e deveres nas relações entre os indivíduos e o Estado embutida na mais espetacular ação popular da época, a Revolta da Vacina.[1] Não só por suas dimensões como por sua complexidade, a revolta pode revelar aspectos da mente popular de difícil captação na rotina do cotidiano. Vai interessar-nos de modo particular esclarecer a composição da população insurgente e as motivações justificadoras da revolta, dois temas que têm preocupado também a literatura recente sobre revoltas populares na Europa.[2]

A Revolta da Vacina deu-se em contexto econômico e político cujo exame já foi feito. Igualmente, já foram estudadas com razoável profundidade as reformas empreendidas pelo governo de Rodrigues Alves. Bastarão algumas indicações.[3]

Rodrigues Alves assumiu o governo vendo seu antecessor sair do Rio sob imensa vaia popular que ecoava ao longo das estações suburbanas da Central. O governo de Campos Sales tinha sido de recessão econômica produzida por uma política de combate à inflação que se caracterizava pela redução do meio circulante, pela contenção drástica dos gastos do governo e pelo aumento de impostos, especialmente através da tarifa-ouro sobre os produtos de importação. O ministro da Fazenda, Joaquim Murtinho, um darwinista social, conseguira no final elevar o câmbio e produzir superávits orçamentários. Porém, fizera-o à custa da insatisfação geral que ia dos cafeicultores aos operários, passando pelos banqueiros e industriais. Na crítica, talvez exagerada, de um industrial do Rio, Murtinho conseguira elevar o câmbio, mas deixara o país na miséria. Os preços internos tinham baixado significativamente, todavia os benefícios dessa mudança para a população em geral eram contrabalançados pela queda na oferta de empregos e pelo aumento de impostos.[4]

Rodrigues Alves, sem alterar de modo significativo a política financeira, enveredou por um programa intensivo de obras públicas, financiado por recursos externos, que conseguiu dar início à recuperação econômica. Já a partir do ano em que assumiu, 1902, tinham começado a crescer a importação de matérias-primas e bens de capital, o consumo de cimento e aço e, a partir de 1903, a formação bruta de capital fixo. Foi também ajudado desde o começo por ligeiro aumento dos preços do café, em baixa desde 1896.[5]

Desmentindo o apelido de Soneca, o presidente atacou logo as obras de saneamento e de reforma urbana da cidade, como prometera no discurso de posse. Para isso, conseguiu poderes quase ditatoriais para o engenheiro Pereira Passos, nomeado prefeito, e para o médico Oswaldo Cruz, nomeado diretor do Serviço de Saúde Pública. As obras do porto foram contratadas em 1903 com uma firma inglesa e tiveram início em março de 1904, compreendendo em sua primeira parte o trecho de 600 metros que ia do Mangue até o trapiche da Gamboa. Cerca de 2 mil trabalhadores foram contratados para o trabalho. As obras complementares da avenida Central, da avenida do Cais (Rodrigues Alves) e do canal do Mangue ficaram a cargo do próprio governo federal, sob a direção de uma comissão construtora cujo engenheiro-chefe era Paulo de Frontin. As desapropriações para a construção da nova avenida começaram em dezembro de 1903, as demolições em fevereiro de 1904, quando também foram iniciadas as obras do canal do Mangue. Paralelamente, a prefeitura se encarregava das obras de alargamento de algumas ruas do centro.

Em novembro de 1904, data da revolta, o trabalho de demolição das casas para abrir a avenida Central, executado por cerca de 1800 operários, terminara e dezesseis dos novos edifícios estavam sendo construídos. O eixo central da avenida fora inaugurado em 7 de setembro, em meio a grandes festas, já com serviço de bondes e iluminação elétrica. A derrubada de cerca de 640 prédios rasgara, através da parte mais habitada da cidade, um corredor que ia da Prainha ao Passeio Público. Era como abrir o ventre da velha cidade. Parte dos escombros ainda cobria os lados da avenida (veja caderno de fotos). Na mesma data, estavam sendo alargadas as ruas do Acre (ex-Prainha), São Bento, Visconde de Inhaúma, Assembleia e Sete de Setembro. A rua do Sacramento já fora prolongada até a avenida Marechal Floriano Peixoto, recebendo a parte nova o nome de avenida Passos.[6]

Pelo lado da saúde pública, Oswaldo Cruz enfrentou, em primeiro lugar, a febre amarela, adotando métodos já aplicados em

Cuba. Atacou a doença por dois lados, pela extinção dos mosquitos e pelo isolamento dos doentes em hospitais. Logo a seguir, voltou-se para a peste bubônica, cujo combate exigia a exterminação de ratos e pulgas e a limpeza e desinfecção de ruas e casas. O trabalho começou em abril de 1903. Brigadas sanitárias, compostas de um chefe, cinco guardas mata-mosquitos e operários da limpeza pública, percorriam ruas e visitavam casas, desinfetando, limpando, exigindo reformas, interditando prédios, removendo doentes. Os alvos preferidos das visitas eram, naturalmente, as áreas mais pobres e de maior densidade demográfica. Casas de cômodos e cortiços, onde se comprimiam em cubículos e casinhas dezenas de pessoas, constituíam objeto de atenção especial. Um delegado de saúde relatava em 1904 sua atuação no distrito da Saúde: "Em todas [as ruas] foram feitas rigorosas visitas, exigindo-se toda a sorte de melhoramentos necessários. Nas habitações coletivas, então, procurei sempre, por meio de rigorosas intimações, extinguir muitas que funcionavam irregularmente, quer por falta de condições higiênicas, quer por não possuírem licença da Prefeitura".[7] Cerca de 2500 mata-mosquitos espalharam-se pela cidade. Para prevenir resistências dos moradores, as brigadas faziam-se acompanhar de soldados da polícia. Pode-se ter ideia da dimensão do esforço através da seguinte estatística: só no segundo semestre de 1904 foram visitadas 153 ruas; foram feitas, no primeiro semestre, 110 224 visitas domiciliares, 12 971 intimações, 626 interditos.[8]

Tal atividade evidentemente provocou rebuliço na cidade e perturbou a vida de milhares de pessoas, em especial os proprietários das casas desapropriadas para demolição, os proprietários de casas de cômodos e cortiços anti-higiênicos, obrigados a reformá-los ou demoli-los, e os inquilinos forçados a receber os empregados da saúde pública, a sair das casas para desinfecções, ou mesmo a abandonar a habitação quando condenada à demolição. Além disso, Pereira Passos, na ânsia de fazer da cidade suja, pobre e caótica réplica tropical da Paris reformada por Haussmann, baixara várias posturas que também interferiam no cotidiano dos cariocas, particularmente no dos ambulantes e mendigos. Proibiu cães vadios e vacas leiteiras nas ruas; mandou recolher a asilos os mendigos; proibiu a cultura de hortas e capinzais, a criação de suínos, a venda ambulante de bilhetes de loteria. Mandou também que não se cuspisse nas ruas e dentro dos veículos, que não se urinasse fora dos mictórios, que não se soltassem pipas.[9] Muitas dessas posturas eram simples reedições de medidas anteriores que, ao bom estilo brasileiro, não tinham pegado. Não se sabe ao certo quantas das novas pegaram. Mas, desta vez, a população já se dera conta de que pelo menos o esforço de aplicação da lei seria muito maior.

A REVOLTA

Nesse ambiente, teve início a luta pela implantação da vacina obrigatória contra a varíola, a terceira epidemia no alvo de Oswaldo Cruz. A vacina de Jenner fora introduzida no Brasil em 1801. Em 1837, uma postura municipal tornara-a obrigatória no Rio de Janeiro para crianças de até três meses de idade, sob pena de multa de 6$000, a ser paga pelos responsáveis. Em 1884, o decreto estendera a obrigação a todo o Império para todas as pessoas. Em dezembro de 1889, um mês depois da proclamação da República, o governo provisório renovara a obrigatoriedade para crianças de até seis meses de idade. A partir daí, até 1903, uma série de decretos foi ampliando a exigência da vacinação para os alunos de escolas públicas, civis e militares, para os empregados dos correios, para os detentos e menores recolhidos a asilos públicos. Mas, como a própria vacina, que às vezes não pegava, essas leis não pegaram, especialmente as que estendiam a obrigatoriedade a todos os cidadãos.[10]

O governo julgou então necessário fazer outra lei que reintroduzisse a obrigatoriedade. O projeto entrou no Senado em 29 de junho e foi aprovado, com onze votos contrários, em 20 de julho. Deu entrada na Câmara em 18 de agosto, foi aprovado por larga maioria no final de outubro e tornou-se lei em 31 desse mês. No Senado, seu maior opositor foi o tenente-coronel Lauro Sodré. Na Câmara, salientou-se o major Barbosa Lima, dois militares positivistas e florianistas. Lauro Sodré fora governador do Pará e candidato derrotado às eleições presidenciais de 1898. Em 1903, com a ajuda de Edmundo Bittencourt, diretor do *Correio da Manhã*, e dos cadetes das Escolas Militares, elegera-se senador pelo Distrito Federal. Barbosa Lima fora governador de Pernambuco, onde fundara um Instituto Vacinogênico, mandara distribuir a vacina de Jenner durante uma epidemia de varíola e enviara um médico para estudar microbiologia no Instituto Pasteur. Tendo perdido apoio político em Pernambuco, fora salvo pelo amigo positivista Júlio de Castilhos, que lhe dera um lugar na bancada gaúcha na Câmara. Junto com Lauro Sodré, passou a formar na frente da luta pela purificação da República, contra o governo do ex-monarquista e conselheiro Rodrigues Alves e contra as oligarquias estaduais que dizia serem o sustentáculo da República prostituída.

Outro deputado positivista envolvido na campanha foi Alfredo Varela, ex-aluno da Escola Militar do Rio, positivista, também protegido de Júlio de Castilhos. Em maio de 1904, com o auxílio financeiro de monarquistas do Rio e de São Paulo, fundara o jornal *O Commercio do Brazil*, no qual passou a atacar com violência o governo. Em agosto, em consequência de ataques ao comandante da Brigada Policial, general Hermes da Fonseca, levou um tiro no ombro desfechado pelo filho deste. Entre 7 e 14 de novembro (o jornal foi fechado nesta última data), reproduzia na primeira página um artigo intitulado "Direito à Resistência", em que pregava a recusa à vacinação por se tratar de lei inconstitucional. Em 7 de novembro, publicou informe com o título "À bala", em que noticiava a formação por Lauro Sodré, no Centro das Classes Operárias, de uma organização destinada a resistir à vacina por meios legais ou pela força, opondo as balas dos cidadãos aos sabres da polícia.[11]

Fora do Congresso, o combate à obrigatoriedade deu-se principalmente na imprensa, destacando-se o *Correio da Manhã* e o *Commercio do Brazil*. Vinha dos positivistas ortodoxos do Apostolado a oposição mais intransigente e mais consistente. Desde o final do Império, resistiam eles às tentativas de introduzir a obrigatoriedade. Sua oposição baseava-se em dois pontos, um científico, outro filosófico. Pelo primeiro, interpretavam o pensamento de Comte como tendo sido contrário à teoria microbiana das doenças. Pelo segundo, não aceitavam qualquer intromissão do governo, poder material, no domínio da saúde pública, reservado ao poder espiritual. Irritava-os particularmente o monopólio exercido pelos médicos sobre a saúde privada e pública. Para eles, a intromissão do governo não passava de um "despotismo sanitário", expressão que passou a ser largamente utilizada pelos inimigos da vacina e do governo. Em 1904, na iminência da passagem da nova lei, recorreram a verdadeiro terrorismo ideológico, apontando na vacina inúmeros perigos para a saúde, tais como convulsões, diarreias, gangrenas, otites, difteria, sífilis, epilepsia, meningite, tuberculose.[12] Outro ponto em que os ortodoxos insistiam era a falta de competência do poder público para invadir o recesso dos lares, seja para inspeção, seja para desinfecção, seja para remoção de doentes, ou sequestro, como preferiam dizer. Sua campanha se fazia através da imprensa e de folhetos impressos pelo Apostolado e distribuídos entre deputados e entre a população.

Durante a discussão, várias listas de assinaturas contra a obrigatoriedade foram enviadas ao Congresso. Duas pelo menos foram organizadas pelo Centro das Classes Operárias, com as assinaturas de Vicente de Souza, o presidente, Jansen Tavares, o primeiro-secretário, e todos os outros membros da diretoria. Em outra lista aparecem 78 militares, na maioria alferes-alunos da Escola Militar. Ao todo, umas 15 mil pessoas assinaram. Cerca de 10 mil o fizeram dizendo-se operários, em listas organizadas por empresas ou por associações operárias.

Um dos pontos mais controversos da lei dizia respeito a quem aplicaria a vacina, se médicos do governo, se médicos da escolha das pessoas. Diante da circulação de boatos de que haveria resistência à aplicação da lei, de que manifestos seriam espalhados, *meetings* convocados, a que se associariam "a mocidade, o operariado, o povo", *O Paiz,* jornal que apoiava o governo, resolveu entrevistar o ministro da Justiça e Negócios Interiores, J. J. Seabra, a fim de tranquilizar os ânimos. Em 14 de outubro foi publicada a entrevista em que o ministro garantia que a lei seria aplicada com prudência, sem vexames e atropelos. Mas o texto final da lei nada esclarecia a esse respeito, pois só continha dois artigos, o primeiro estabelecendo a obrigatoriedade da vacinação, o segundo autorizando o governo a regulamentá-la e dando algumas normas gerais. Tudo ficou, portanto, dependendo do regulamento, de cujo projeto se encarregou Oswaldo Cruz. No dia 9 de novembro, o ministro convocou uma reunião de médicos, juristas e políticos para examinar o projeto, distribuindo cópias. Nova reunião ficou marcada para o dia 13, um domingo. Por descuido ou malícia, uma cópia foi parar nas mãos do jornal *A Notícia,* que publicou o texto no dia 10.

O projeto de regulamento mantinha a opção de vacinação por médico particular, mas o atestado teria de ter firma reconhecida. Pelo resto, cercava de tal modo o cidadão que dificilmente alguém poderia escapar. O atestado de vacina era exigido para tudo: matrícula em escolas, emprego público, emprego doméstico, emprego nas fábricas, hospedagem em hotéis e casas de cômodos, viagem, casamento, voto etc. Multas eram previstas para os recalcitrantes.

Houve reação violenta. Até mesmo *O Paiz* ficou alarmado com dispositivos que julgou serem violências, extravagâncias e atentados à Constituição e ao bom senso. Oswaldo Cruz foi tachado pelo jornal de cientista desligado das realidades do país.[13] O redator foi falar com o ministro, que procurou diminuir a importância do documento dizendo que nem projeto era, mas simples ideias de Oswaldo Cruz a serem debatidas pelos especialistas. *A Notícia* entrevistou vários membros da comissão e publicou suas reações nos dias 11 e 12. Todos se declararam contra o regulamento nos termos em que estava redigido. Mesmo os que apoiavam a obrigatoriedade se opuseram. O próprio relator do projeto na Câmara, dr. João Carlos Teixeira Brandão, professor da Faculdade de Medicina do Rio, não concordou com o rigor de Oswaldo Cruz.[14]

Porém, a essa altura a revolta já estava na rua.[15] Mesmo antes de ter o projeto vazado para a imprensa, fora convocada reunião no Centro das Classes Operárias a fim de ser fundada a Liga contra a Vacina Obrigatória. A reunião foi no dia 5 de novembro, sob a presidência de Lauro Sodré, estando também à mesa Vicente de Souza e Jansen Tavares. Segundo o *Correio da Manhã*, mais de 2 mil pessoas encontravam-se presentes. Lauro Sodré falou contra a lei "iníqua, arbitrária e deprimente", a que se devia resistir mesmo "à bala". Mas falou especialmente contra o governo, que acusou de corrupto, de fora da lei, de ter transformado o regime em "república de fancaria onde predominam as oligarquias". A seguir falou Vicente de Souza. Mencionou que cerca de 6 mil operários tinham feito petição ao Congresso; que há dois anos fora solicitado ao prefeito que se construíssem casas higiênicas para os operários para substituir os cortiços e estalagens, focos de endemias. Nada fora feito. Pintou a situação em que ficaria a família proletária com a nova lei. Ao voltar do trabalho, disse, o chefe fica "sem poder afirmar que a honra de sua família esteja ilesa, por haver aí penetrado desconhecido amparado pela proclamação da lei da violação do lar e da brutalização aos corpos de suas filhas e de sua esposa". "A messalina", prosseguiu, "entrega-se a quem quer, mas a virgem, a esposa e a filha terão que desnudar braços e colos para os agentes da vacina." Não apelava para a Constituição por já estar poluída e esfarrapada. Contra a violência, apelava para a legítima defesa "e essa se faz com as armas na mão".[16]

No dia 10, por volta de seis da tarde, um grupo de rapazes, que *O Paiz* diz serem "em sua maioria estudantes", começou um arremedo de *meeting* no largo de São Francisco, onde ficava a Escola Politécnica, fazendo discursos humorísticos e rimados. O grupo desceu a rua do Ouvidor, onde o orador, o estudante Jayme Cohen, falou, agora a sério, pregando a resistência à vacina. Um delegado de polícia o intimou a ir até a delegacia. Houve reação popular contra a prisão. O grupo, ao chegar perto da praça Tiradentes, deu de frente com praças da cavalaria da polícia e prorrompeu em tremenda vaia e em gritos de "Morra a polícia! Abaixo a vacina!". Houve, a seguir, conflito com a polícia, tentativa de arrebatar o preso, pedradas de um lado, espaldeiradas de outro. No final, quinze pessoas foram presas, das quais cinco estudantes e dois funcionários públicos. Às sete e meia da noite a situação voltou à calma, permanecendo a polícia em guarda na praça Tiradentes.

No dia 11, repetiram-se no largo de São Francisco as mesmas cenas. Garotos soltaram bombas de brinquedo e, a partir daí, tiveram início correrias e perseguição da polícia, estendendo-se a movimentação até a praça Tiradentes e o largo do Rosário. Foram presas dezoito pessoas por uso de armas proibidas. No dia 12, um sábado, houve nova reunião para discutir e aprovar as bases da Liga. A reunião estava marcada para as oito da noite, na sede do Centro das Classes Operárias à rua do Espírito Santo (hoje Pedro I), perto da praça Tiradentes. Desde as cinco da tarde, o povo começou a aglomerar-se no largo de São Francisco. Outra vez, um grupo de garotos, que o *Correio da Manhã* julga, pelos trajes, serem da classe operária, começou ludicamente as manifestações. Montados em pedaços de madeira retirados das obras, passaram a representar os acontecimentos da véspera, simulando o espancamento da população pela cavalaria da polícia. O teatro logo se converteu em realidade quando a cavalaria atacou a espadadas recebendo em troca bichas chinesas (bombas de brinquedo) e os primeiros tiros de revólver. Alguns combustores de iluminação foram apagados.

Às oito, todos se dirigiram ao Centro. Segundo o *Correio da Manhã*, estavam presentes umas 4 mil pessoas, "de todas as classes sociais", comerciantes, operários, moços militares e estudantes. Em ambiente tumultuado por provocadores da polícia, falou Lauro Sodré dizendo que só um governo de fazendeiros poderia decretar a vacina obrigatória. E pediu ao povo que se retirasse em paz. Barbosa Lima falou no mesmo sentido. Vicente de Souza alertou o povo a não acreditar no ministro da Justiça quando este dizia não endossar *in totum* o projeto de Oswaldo Cruz. Falou, a seguir, sobre a república social e aconselhou a continuação da resistência, mas, seguindo Lauro Sodré e Barbosa Lima, pediu prudência.

No final da reunião, que *O Paiz* diz ter fracassado, pois Lauro Sodré teve de terminá-la sem tratar do objetivo para que fora convocada, a multidão saiu em passeata até a rua do Ouvidor, onde deu vivas ao *Correio da Manhã*, que ali tinha sua sede, e morras a jornais que apoiavam o governo (provavelmente *O Paiz* e o *Jornal do Commercio*). A seguir, o grupo que *O Paiz* chama de "desocupados e mazorqueiros" se dirigiu ao Catete, passando pela Lapa e a Glória. No caminho, vaiou o carro do ministro da Guerra, aplaudiu o 9º Regimento de Cavalaria do Exército, vaiou e deu tiros contra o carro do comandante da Brigada Policial, general Piragibe. O palácio estava fortemente guardado. A multidão deu meia-volta e regressou ao Centro. Na Glória, Varela falou da janela de sua casa aconselhando o povo a dissolver-se porque não era chegado ainda o momento da desforra. Na Lapa, houve de novo tiros contra o carro de Piragibe, que, de revólver na mão, mandou a tropa carregar contra os manifestantes. Durante o dia houvera boatos de ter sido apedrejada a casa do ministro da Justiça (o que não se deu). A casa foi guardada pela polícia assim como a de Oswaldo Cruz.

A essa altura, o Exército entrou de prontidão. Foram mandadas praças de cavalaria e infantaria, em número de 128, para guardar o Catete. O ministro da Guerra mandou recolher à Escola de Tática do Realengo os alunos que tinham participado da reunião do Centro. Foram recolhidos 42.

No dia 13, domingo, o conflito generalizou-se e assumiu caráter mais violento. Um aviso no *Correio da Manhã*, de 12, convocara o povo a aguardar na praça Tiradentes, onde ficava o Ministério da Justiça, os resultados da reunião da comissão que iria examinar o projeto do regulamento. A comissão acabou adotando projeto substitutivo, feito pelo dr. Teixeira Brandão, baseado na lei francesa de 1903. Mas nada disso importava mais. Ainda durante a reunião, pelas duas horas da tarde, quando chegou o chefe de polícia, Cardoso de Castro, seu carro foi apedrejado. A polícia carregou sobre a multidão. O local se tornou uma praça de guerra. Aos poucos, a luta se espalhou pelas ruas adjacentes, pela Sacramento e avenida Passos, pelo largo de São Francisco, ruas do Teatro, dos Andradas, da Assembleia, Sete de Setembro, Regente, Camões, São Jorge. Segundo o *Jornal do Commercio*, houve "descargas cerradas de carabinas e revólveres". Os bondes começaram a ser atacados, derrubados e queimados. Foram quebrados combustores de gás e cortados os fios da iluminação elétrica da avenida Central. Surgiram as barricadas, primeiro na avenida Passos, depois nas ruas adjacentes. Oradores subiam aos montes de pedras das construções e incitavam ao ataque. Na rua São Jorge, as prostitutas saíram à rua para aderir à luta contra a polícia, ficando uma delas ferida no rosto. Começaram os ataques às delegacias de polícia e ao próprio quartel de cavalaria, na Frei Caneca. Verificaram-se também assaltos ao gasômetro e às companhias de bondes. Os distúrbios se espalharam, atingindo a praça Onze, Tijuca, Gamboa, Saúde, Prainha, Botafogo, Laranjeiras, Catumbi, Rio Comprido, Engenho Novo. Na rua Larga de São Joaquim (avenida Marechal Floriano Peixoto), as colunas dos lampiões de gás foram quebradas e enormes chamas lambiam os ares. Na Senador Dantas, árvores recém-plantadas foram arrancadas.

O tiroteio penetrou a noite, a cidade já em parte às escuras em consequência da quebra de lampiões. Ladrões se aproveitavam para assaltar os transeuntes. O dono de um armazém da rua do Hospício foi preso, acusado de fornecer querosene e dinheiro aos queimadores de bondes. No fim da noite, a Companhia Carris Urbanos já contava 22 bondes destruídos. A Companhia do Gás informava que mais de cem combustores tinham sido danificados e mais de setecentos inutilizados. Entre os feridos estavam vários populares e doze praças da polícia. Havia pelo menos um morto. O Exército e a Marinha passaram a guarnecer vários prédios e locais estratégicos. O *Correio da Manhã* insiste em que as tropas das duas corporações eram sempre acolhidas com grandes aplausos pelos manifestantes, mesmo quando se apresentavam para dispersá-los.

No dia 14 de novembro, segunda-feira, a cidade amanheceu com aspecto desolador, assim descrito pelo repórter do *Jornal do Commercio*: "As arandelas do gás, tombadas, atravessavam-se nas ruas; os combustores da iluminação, partidos, com os postes vergados, estavam imprestáveis; os vidros fragmentados brilhavam na calçada; paralelepípedos, revolvidos, que serviam de projéteis para essas depredações, coalhavam a via pública; em todos os pontos destroços de bondes quebrados e incendiados, portas arrancadas, colchões, latas, montes de pedras, mostravam os vestígios das barricadas feitas pela multidão agitada".[17]

O *Correio da Manhã* trazia um editorial em que acusava o ministro da Justiça de "arruaceiro contumaz", "desordeiro habitual", e atribuía ao presidente da República, ou antes ao desmoralizador da República, os crimes cometidos pela polícia nos dias anteriores. Apesar da chuvinha fina que caía, a agitação recomeçou já de madrugada e durante o dia tendeu a concentrar-se em dois redutos, um no distrito do Sacramento, nas proximidades da praça Tiradentes, ruas São Jorge, Sacramento, Regente, Conceição, Senhor dos Passos, avenida Passos; e o outro na Saúde, estendendo-se para a Gamboa e a Cidade Nova (ver caderno de fotos). De madrugada, duzentos homens tentaram assaltar a 3ª Delegacia Urbana na rua da Saúde. A 2ª Delegacia, ali perto, na rua Estreita de São Joaquim, foi tomada da polícia e abandonada quando chegaram tropas do Exército. Na Saúde, houve tiroteios o dia inteiro entrincheirando-se os manifestantes, calculados pelo *Jornal do Commercio* em 2 mil, em casas e trincheiras na praça da Harmonia. Mais tarde, foi atacado o Moinho Inglês, no fim da rua da Gamboa; teve portões arrombados, vidros quebrados e a casa de máquinas danificada. Numa casa apareceu a inscrição: "Hospital de Sangue". À noite, ainda na Saúde, enormes grupos concentraram-se e se puseram a quebrar combustores, destruir linhas telefônicas, levantar barricadas. A força policial foi retirada e substituída por contingente de 150 praças da Marinha.

A rua do Regente era o núcleo do primeiro reduto. Quando a cavalaria atacou, "foram arremessadas garrafas, latas, pedras, mil projéteis das casas e da rua, enquanto, de baixo, o povo repelia a tiros de revólver, a golpes de ferros e cacete. O tiroteio foi tremendo, conseguindo a força dispersar os amotinados", conforme relato do *Jornal do Commercio*. No chão, três mortos. Na Prainha, a barca de Petrópolis foi atacada por um grupo de mais de 2 mil pessoas, que depredou a estação sem molestar os passageiros. Houve tentativas de assalto a casas de armas, como a Casa Laport, na rua dos Ourives, e outras na rua da Carioca, onde "se vendiam armas em profusão". Até no novo e longínquo bairro de Copacabana lampiões foram quebrados. A 5ª Delegacia de Saúde, à rua Senador Pompeu, foi tomada e depredada. À noite foi atacada a fábrica de velas Luz Steárica, em São Cristóvão. O mesmo aconteceu com os gasômetros do Mangue, Vila Isabel e Botafogo. Na avenida Central, foram viradas carroças das Obras Públicas. Na Visconde de Itaúna, houve um tiroteio entre guardas-civis e soldados do Exército, comandados pelo alferes Varela, do 22º BI. Os soldados prenderam e feriram alguns guardas sob "estrondosa aclamação do público", informa o *Correio da Manhã*. Funcionários da City Improvements, com bandeira vermelha, tentaram parar carroça da assistência policial; um deles foi ferido.

Durante o dia, boletins do chefe de polícia pediam "à população pacífica" que se recolhesse a suas casas para que o "máximo rigor" pudesse ser usado contra os desordeiros.[18] Por entendimentos entre os ministros da Justiça, da Marinha e do Exército, a cidade foi dividida em três zonas de policiamento, cabendo todo o litoral à Marinha; ao Exército a parte ao norte da avenida Passos, incluindo São Cristóvão e Vila Isabel; à polícia a parte ao sul da avenida Passos. Foi chamado de Niterói o 38º BI do Exército. Saíram trens para buscar o 12º BI de Lorena, em São Paulo, e o 28º BI, sediado em São João del Rei, Minas Gerais.

Ao mesmo tempo que noticiavam os acontecimentos da revolta popular, os jornais já traziam também as primeiras informações sobre o levante da Escola Militar da Praia Vermelha, embora ainda de maneira nebulosa. Utilizando informações dos dias posteriores e depoimentos dos envolvidos, os fatos podem ser brevemente resumidos. Pelas duas da tarde, foi realizada reunião no Clube Militar, a que compareceram Lauro Sodré, o general Travassos, o major Gomes de Castro, o deputado Varela, Vicente de Souza e Pinto de Andrade, descrito depois pelo chefe de polícia como um "empreiteiro de arruaças e de motins" ligado aos monarquistas, além de outros militares e civis. O ministro da Guerra tomou conhecimento da reunião e mandou que o presidente do clube, general Leite de Castro, a dissolvesse, o que foi feito. Ao dirigir-se, após a reunião, para o centro da cidade, Vicente de Souza foi preso na rua do Passeio. À noite, uma parte do grupo que participara do encontro foi para a Escola Preparatória e de Tática do Realengo e tentou sublevá-la. A reação do comandante, general Hermes da Fonseca, frustrou o plano; foram presos o major Gomes de Castro e Pinto de Andrade, que entrara na escola gritando: "Prende o general! Mata o general!". A outra parte, composta por Lauro Sodré, pelo general Travassos e por Varela, levantou a Escola Militar da Praia Vermelha sem que tivesse havido a menor resistência por parte do comandante, general Costallat.[19]

Avisado, o governo concentrou tropas do Exército, Marinha, Brigada e Bombeiros no Catete e mandou um contingente enfrentar a escola, que se pusera em marcha às dez horas com trezentos cadetes. Botafogo estava inteiramente às escuras, pois os lampiões tinham sido apagados. As duas tropas encontraram-se na rua da Passagem e trocaram tiros. Parte das tropas do governo passou-se para os revoltosos, o general Travassos caiu ferido, Lauro Sodré desapareceu e os dois lados, um sem saber o que acontecia ao outro, fugiram. O general Piragibe dirigiu-se ao Catete para anunciar a debandada de suas tropas. Houve pânico e desânimo entre os chefes militares. Sugeriu-se ao presidente que se retirasse para um navio de guerra fundeado na baía e de lá organizasse a resistência. Rodrigues Alves recusou a proposta e mandou preparar a resistência. Logo depois veio o alívio, ao se ter notícia de que os alunos também tinham recuado e regressado à escola.[20] De manhã, os cadetes se entregaram sem resistência e foram recolhidos à prisão. Da refrega resultaram três mortos e vários feridos do lado revoltoso. Do lado do governo, uns 32 feridos.

No dia 15, festa da República, feriado nacional, a cidade continuava paralisada, a situação tensa. O desfile militar fora cancelado. *O Paiz* começou seu noticiário dizendo que, esmagada a cabeça da desordem, isto é, sua parte militar, não havia mais razão para a continuação dos distúrbios, "cujo fim não tem aceitável explicação". Mas eles continuavam, demonstrando independência em relação à sublevação militar. Começaram pela madrugada e se prolongaram por todo o dia, no mesmo estilo da véspera. Salientaram-se novamente os redutos da Saúde e do Sacramento. No primeiro, do alto de uma trincheira, frente ao morro da Mortona, tremulava uma bandeira vermelha. Nas imediações do segundo, na rua Frei Caneca, erguia-se grande trincheira. Como novidade, cerca de seiscentos operários das fábricas de tecidos Corcovado e Carioca e da fábrica de meias São Carlos, todas no Jardim Botânico, fizeram barricadas e atacaram a 19ª Delegacia Urbana, aos gritos de morra o governo e a polícia, caindo morto um cabo da guarda. As três fábricas foram também atacadas e tiveram seus vidros quebrados. Continuaram os ataques às delegacias policiais, ao gasômetro, às casas de armas e mesmo a uma empresa funerária na Frei Caneca. Houve distúrbios no Méier, Engenho de Dentro, Encantado, Catumbi, São Diogo, Vila Isabel, Andaraí, Matadouro, Aldeia Campista, Laranjeiras.

Chegaram, no dia 15, os batalhões de Minas e de São Paulo. Vieram também dois batalhões da força pública de São Paulo. O governo do estado do Rio ofereceu o auxílio de sua força policial. Na Saúde, a polícia pediu à Marinha que atacasse os rebeldes por mar, enquanto famílias começavam a abandonar o bairro com receio do bombardeio. À tarde, estivadores e foguistas percorreram empresas de navegação intimando-as a suspender o serviço e dando prazo até o dia seguinte.

No dia 16, foi decretado o estado de sítio. As atenções foram dominadas pelo espectro de Porto Artur, nome dado ao que *O Paiz* chamou de "último reduto do anarquismo".[21] Para esse jornal, a Saúde fora tomada por "grande número de indivíduos desclassificados, facínoras de ínfima condição, acobertados com a capa de marítimos e de trabalhadores da estiva". Os boatos espalharam-se por toda a cidade, exagerando as dimensões de Porto Artur, a suposta cidadela inexpugnável da rua da Harmonia. Dizia-se que os rebeldes contavam com bocas de fogo e dinamite para fazer voar pelos ares os atacantes. No centro da cidade, especialmente no reduto do Sacramento, continuaram as escaramuças entre a população e a polícia, embora em ponto menor do que nos dias anteriores. Vários feridos resultaram dos atritos. Ao cair da noite, grandes barricadas surgiram na Frei Caneca. Também na Cidade Nova persistiam as ações. No Jardim Botânico houve assaltos a bondes; a 19ª Delegacia foi abandonada pela polícia. A fábrica de tecidos Confiança Industrial, em Vila Isabel, foi atacada.

Antes do assalto final a Porto Artur, repórteres do *Jornal do Commercio* e *O Paiz* conseguiram visitar a fortaleza, que constava de barricadas ao longo de toda a rua da Harmonia, desde a praça da Harmonia até a esquina com a rua da Gamboa. Bondes virados, carroças, calçamento arrancado, árvores e postes derrubados, lampiões destruídos, chão coberto de latas, garrafas, colchões, um berço de vime. Na barricada principal, do lado direito, na ponta de um bambu, uma bandeira vermelha. Do lado esquerdo, num pano branco, a inscrição: "Porto Artur". Duas casas de armas da rua Senador Pompeu tinham sido assaltadas e saqueadas. O repórter do *Jornal do Commercio* impressionou-se com "aquela multidão sinistra, de homens descalços, em mangas de camisa, de armas ao ombro uns, de garruchas e navalha à mostra outros". Muitos comiam bacalhau, pão e farinha e bebiam fartamente nas pequenas casas de comércio. Um ex-soldado transmitia as ordens do chefe Manduca Pivete com toques de corneta.

Ainda antes do assalto, a ser feito por terra pelo 7º BI do Exército e por mar pelo couraçado *Deodoro*, foi preso o mais temido chefe das barricadas, Horácio José da Silva, famoso desordeiro conhecido pelo nome de Prata Preta. Na luta final ainda matou um soldado do Exército e feriu dois da polícia. Preto, alto, de uns trinta anos, esse personagem euclidiano aterrorizava a polícia lutando nos lugares mais perigosos das trincheiras. Ao ser levado para a central de polícia, seria linchado pelos soldados, não fosse a intervenção do chefe de polícia. Teve de ser colocado em camisa de força e, mesmo assim, não cessou de insultar as praças e ameaçá-las de represálias.[22] Vários cortes de espada marcavam seu corpo. Como armas usava dois revólveres, uma navalha e uma faca.

Pelas três da tarde, uma tropa da Marinha desembarcou perto do Moinho Inglês e tomou uma primeira trincheira. Aproximou-se, então, o *Deodoro*, enquanto a tropa do Exército avançava pelo morro da Mortona. Notou, a essa altura, a tropa que as trincheiras tinham sido totalmente abandonadas. Verificou-se também que as famosas dinamites não passavam de um engodo: pedaços de madeira envoltos em papel prateado, dependurados por arames em torno das trincheiras. A famosa boca de fogo também não passava de um cano de iluminação pública colocado sobre duas rodas de carroça. Segundo *O Paiz*, alguns presos da Saúde declararam não residir no local, mas terem sido para lá enviados por "gente de juízo". Com alguns teriam sido encontradas libras esterlinas em abundância. *A Tribuna* relata que Beiço de Prata, um informante da polícia, havia penetrado no reduto antes da queda, fazendo-se passar por revoltoso. Lá teria ouvido vagamente que Vicente de Souza seria o instigador e financiador do movimento. Haveria também um funcionário do Moinho Inglês envolvido e alguns negociantes do bairro, que forneciam dinheiro e alimentos. Não havia chefe único: a chefia era exercida por dois ou três dos mais valentes, entre os quais Manduca Pivete. Alguns dos revoltosos, ainda segundo Beiço de Prata, eram velhos conhecidos da Detenção, como Bombacha, Chico da Baiana e Valente.[23]

O primeiro-secretário da Sociedade União Operária dos Estivadores, Belisário Pereira de Souza, procurou *O Paiz* e disse que a associação nada tinha a ver com as desordens. Tinha interrompido as atividades por falta de garantias, como também o havia feito o Centro Geral dos Foguistas. Voltaria logo que houvesse garantias. Afirmou também que os desordeiros da Saúde não tinham ligações com os estivadores, muitos eram desconhecidos no local, e, ainda, que a interrupção do trabalho nada tinha a ver com as paralisações dos portos de Buenos Aires e Montevidéu. À noite, Belisário procurou o chefe de polícia e pediu proteção para que os estivadores pudessem trabalhar no dia seguinte. O Arsenal da Marinha foi avisado a fim de providenciar a proteção. Segundo o *Jornal do Commercio*, Belisário teria ainda dito que sua associação nada tinha a ver com o Centro das Classes Operárias e que não se prestava a explorações.[24]

No dia 18, a cidade voltava quase totalmente ao normal. Houve apenas tiroteio numa pedreira do Catete, de que resultaram um civil e dois soldados mortos, além de oitenta presos. Os delegados de polícia começaram a varrer os territórios sob sua jurisdição, prendendo os suspeitos e os que consideravam desordeiros, tivessem ou não relação com o levante. Segundo o *Jornal do Commercio*, "desordeiros, gatunos e vagabundos têm sido colhidos nas malhas da polícia"; no dia anterior (17) cerca de duzentos tinham sido remetidos para a ilha das Cobras. No dia 19, foi ainda atacada a fábrica Luz Steárica, e vários lampiões foram quebrados em São Cristóvão, Bonfim e Ponta do Caju. Na lista de presos enviados nesse dia para a ilha das Cobras, *O Paiz* menciona alguns dos chefes que atuavam nas ruas Visconde de Itaúna, Visconde de Sapucaí, Visconde de São Leopoldo e outras:

Chico Maluco, João Galego, Manduca de Luto. No dia 20, houve grande número de prisões na Gávea. No dia seguinte, o número de presos na ilha das Cobras já chegava a 543. Nesse dia, o ministro da Justiça recebeu denúncia de que teriam embarcado para o Rio "três perigosos anarquistas" com o intuito de agitar a classe operária e mandou tomar providências para impedir o desembarque. Como ato final, no dia 23, a polícia fez grande batida no morro da Favela, mobilizando 180 soldados. Os cem casebres do morro foram varejados, sem que fosse encontrada uma só pessoa. Para não perder a viagem, na volta a tropa revistou casas de cômodos e prendeu várias pessoas. Já havia, então, na ilha mais de setecentos presos.

OS REVOLTOSOS

Descrita a revolta, a primeira pergunta a ser feita é sobre a identidade dos revoltosos. Grande parte da historiografia sobre multidões insurgentes é dedicada a esclarecer esse ponto. O historiador brasileiro se vê aqui em grande desvantagem em relação, por exemplo, aos estudiosos das revoltas parisienses. A grande fonte de informação para esses estudiosos são os arquivos policiais e, sobretudo, os arquivos judiciais. Os processos não só fornecem nomes e características sociais, como também informações sobre as ideias e valores dos revoltosos. No Brasil, em casos de revoltas populares, nunca havia processo contra o grosso dos presos. Processavam-se apenas os líderes, muitas vezes elementos da elite. Os restantes eram simplesmente colocados em navio e desterrados para algum ponto remoto. Nem mesmo passavam pela Casa de Detenção, onde teriam ficado registrados seus dados pessoais.[25]

Em 1904, dentre os civis, apenas quatro foram processados — A. Varela, Vicente de Souza, Pinto de Andrade e Arthur Rodrigues. Dos outros 945 presos, uns foram soltos, outros deportados sem processo. Não nos foi possível recuperar nem ao menos os nomes de todos. Na ausência de processos, restam como fontes os jornais e revistas da época, depoimentos de testemunhas oculares e breves relatórios policiais. São fontes que exigem cuidado especial, pois podem traduzir antes uma imagem que se quer transmitir dos revoltosos do que descrição precisa deles. Mas mesmo como imaginário elas são elementos importantes de entendimento e podem servir-nos de ponto de partida.

Os jornais da época, em especial os mais envolvidos, como o *Correio da Manhã* e *O Paiz*, transmitem-nos duas versões que correspondem bem ao que tradicionalmente têm sido as visões liberal e conservadora das revoltas populares.[26] O *Correio da Manhã* sempre se refere à massa popular de maneira algo abstrata, como "o povo", "os populares". Apenas em duas ocasiões especifica um pouco. Na segunda reunião do Centro das Classes Operárias, fala em todas as classes, estudantes, operários, comerciantes, militares; no dia 11 menciona a atuação de garotos que pareciam da classe operária. Interessava-lhe demonstrar a identidade social e de interesses entre a população em geral e os militares, a fim de legitimar a tomada de poder pelos últimos.[27]

O Paiz hesita um pouco na caracterização dos rebeldes. Antes do início das hostilidades, empenhado em evitá-las, fala na ação dos conspiradores, querendo enganar a parte menos culta da população. Começado o conflito, predominam os termos mazorqueiros, desordeiros, arruaceiros, desocupados. Logo após o frustrado levante militar, refere-se a povo, populares, operários e "pobre gente explorada", exceto o pessoal da Saúde, que seria composto de facínoras disfarçados de marítimos. Os presos no final seriam, segundo o jornal, vagabundos e desordeiros. A tendência geral, refletindo posição governista moderada, era ver a revolta como exploração inescrupulosa da população ignorante por parte de políticos e militares ambiciosos e atribuir a ação de rua às classes perigosas.[28]

A versão mais radical dessa visão pode ser encontrada, como era de esperar, no relatório do chefe de polícia, Cardoso de Castro. Segundo ele, o povo do Rio era ordeiro e não se envolvera nos distúrbios. A mazorca, liderada na rua por Vicente de Souza, fora obra de uns 2 mil vagabundos recalcitrantes, presos e condenados várias vezes, que fingiam de povo. Fora obra do "rebotalho ou das fezes sociais", do facínora, do ladrão, do desordeiro de profissão, do ébrio habitual, da meretriz, do cáften, do jogador, do vagabundo e do vadio. O povo verdadeiro, o verdadeiro operário, tinha ficado à margem dos acontecimentos.[29]

Rui Barbosa, também sem surpresa, não fica muito longe dessa versão. A reação contra a vacina era justa, dizia, mas fora deturpada, resultando em "bodas adulterinas da arruaça com o pronunciamento". O verdadeiro povo ter-se-ia recolhido ao interior dos lares, pois ele é resignado, submisso e fatalista. As massas incultas é que se teriam deixado levar à mazorca. Essa é ainda a versão de Olavo Bilac. A revolta, segundo ele, fora obra da "matula desenfreada" e dos ignorantes explorados pelos astutos. A diferença com Rui é que, para Bilac, os ignorantes definiam-se pela alfabetização e, portanto, constituíam a grande massa da população, uma "turba-multa irresponsável de analfabetos". José Vieira é um pouco mais preciso. Fala em garotos vendedores de jornais, garotos de cortiço, operários desocupados, capangas de políticos e vagabundos da Saúde, todos promovidos a povo pelos conspiradores. No início, diz ter havido também a participação de "vagabundos de gravata", que se aproveitavam da situação para atirar sua pedra e dar seu tiro de revólver.[30]

Finalmente, há a versão de Vicente de Souza. Preocupado em eximir-se de qualquer responsabilidade, ele afirma, em sua defesa escrita, que a reação à vacina foi iniciativa popular irresistível que ninguém poderia nem impelir nem deter. Admite, no entanto, que elementos violentos e belicosos da população, os afeiçoados à desordem, a "classe temerosa", se tenham aproveitado da oportunidade para incrementar a luta e agravar a situação. Não faz menção alguma à participação dos operários em geral, ou dos associados do Centro das Classes Operárias em particular.[31] Com exceção, portanto, dos participantes e simpatizantes, que viam o povo em geral envolvido conscientemente na revolta, os outros depoentes ou não viam entre os rebeldes o que consideravam povo, ou definiam o povo envolvido como ignorante e manipulado. A primeira visão, não fosse interessada, tenderia para a abstração e o romantismo; a segunda trai a incapacidade de representantes do governo e de elementos da elite educada em ver legitimidade e poder de discernimento no comportamento político da massa. À primeira não interessava discriminar possíveis diversidades de interesses e de grupos participantes, pois o objetivo primeiro era a ação política contra o governo. Para a segunda, era necessário deslegitimar a ação rebelde pela desclassificação social e política de seus promotores. Embora ambas pouco esclareçam sobre os revoltosos, esclarecem muito sobre a política e a sociedade em que eles viviam e a que reagiam.

Há outras fontes que nos podem levar um pouco mais adiante. Comecemos pelo relatório do chefe de polícia. Há nele alguma informação sobre os presos. Foram detidas ao todo 945 pessoas. Destas, 461, depois de terem sido identificadas como possuindo antecedentes criminais, foram deportadas. As restantes 484 foram soltas. Segundo o chefe de polícia, os arquivos da Casa de Detenção informavam que os 461 deportados possuíam 949 nomes e haviam sido presos 1852 vezes, das quais 1535 por contravenção e 317 por crime (141 contra a pessoa, 176 contra a propriedade). Para o exterior foram deportados, por sentença, sete estrangeiros.[32]

A precisão numérica dessas informações indica, provavelmente, que são fidedignas, isto é, que os deportados foram de fato pessoas com alguma passagem pela Detenção, contraventores na maior parte. O próprio chefe de polícia confessou, e os jornais o atestam, que no final da revolta foi feita uma limpeza na cidade para prender os que a polícia considerava vagabundos. Quando esse agente do governo fala, por exemplo, nos 2 mil vagabundos recalcitrantes, ele está sem dúvida se baseando nas estatísticas criminais de 1904, que indicam a prisão de 2128 pessoas por vadiagem e 73 por capoeiragem. Mas essas pessoas foram presas principalmente após a revolta, e não há indicação de que prova ou suspeita de participação tivessem sido o motivo da prisão. Mesmo admitindo-se que muitas delas tivessem participado, e tudo faz crer que o fizeram, permanece o problema de quem eram os outros participantes, os 484 que foram soltos e os milhares que não chegaram a ser presos.

Recorramos a outra fonte: os dados sobre mortos e feridos que estão resumidos nas tabelas 6 e 7.[33] Um quadro diferente começa a aparecer nessas tabelas. Há nelas representação desproporcional de operários e estrangeiros. Os operários são 70,6% dos feridos e 85,7% dos mortos para os quais existe informação de ocupação; os estrangeiros são 27,5% dos feridos e 31,8% dos mortos. A desproporção pode ser demonstrada pelos dados do censo de 1906, que dão para a população total do Rio a partici-

Tabela 6

MORTOS E FERIDOS CIVIS, POR NACIONALIDADE

Nacionalidade	Mortos	Feridos	Total
Brasileiros	16	48	64
Portugueses	5	12	17
Outros estrangeiros	2	7	9
Total	23	67	90

FONTE: *Jornal do Commercio, O Paiz, Jornal do Brasil.* Levantamento feito por Pedro Paulo Soares.

Tabela 7

MORTOS E FERIDOS CIVIS, POR OCUPAÇÃO

Ocupação	Mortos	Feridos	Total
Operários em transporte por terra	4	9	13
Marítimos	1	4	5
Outros operários	7	11	18
Subtotal	12	24	36
Não operários	2	10	12
Sem indicação	9	33	42
Total	23	67	90

FONTE: *Jornal do Commercio, O Paiz, Jornal do Brasil.* Levantamento feito por Pedro Paulo Soares.

pação de 20% de operários (incluídos aí trabalhadores na indústria, no transporte e no comércio) e de 26% de estrangeiros. Entre os operários, há super-representação dos empregados no transporte terrestre — 36% dos operários vitimados —, ao passo que representavam em 1906 apenas 8,7% do operariado como definido acima.[34]

A presença significativa de operários entre as vítimas é coerente com o que foi visto na descrição da revolta. É também compatível com o esforço de mobilização do Centro das Classes Operárias. Exame mais detido das petições enviadas à Câmara esclarece um pouco mais esse ponto. Não supomos, naturalmente, que todos os que assinaram as listas participaram da revolta. Mas não será exagerado supor que fossem todos simpáticos ao movimento e que, no calor da refrega, alguns pelo menos tenham tomado parte dando sua vaia, jogando sua pedra, ajudando a virar um bonde, quebrando um combustor, ou mesmo dando seu tiro de revólver. No ambiente daquelas jornadas seria mesmo difícil resistir à tentação de vaiar o ministro da Justiça ou de jogar pedra na polícia. Os dados das listas* estão na tabela 8.

A tabela 8 revela amplo espectro da classe operária, salientando-se os operários do Estado, os marítimos, os do transporte urbano. Os primeiros aparecem em listas dos Arsenais da Marinha e do Exército, da Imprensa Nacional, da Casa da Moeda e da Alfândega. Os marítimos são na maioria do Novo Lloyd e da Cantareira. Entre os do transporte terrestre estão os da São Cristóvão, da Carris Urbanos, além de cocheiros e carroceiros avulsos.

No dia 11 de novembro, já iniciadas as manifestações, outras associações de classe além do Centro das Classes Operárias hipotecaram apoio ao movimento. Foram elas a Associação de Classe União dos Estucadores, o Centro Internacional dos Pintores, a Associação de Classe União dos Chapeleiros, a Associação de Classe União dos Pedreiros, a Associação de Resistência dos Marinheiros e Remadores, a Associação de Classe União dos Cigarreiros e Charuteiros, a Sociedade de Carpinteiros e Artes Correlatas e o Centro Geral dos Foguistas. Todas essas, menos a última, aderiram não ao protesto organizado pelo Centro, mas à Nota da Federação das Associações de Classe, fundada em 1903, ligada aos setores mais agressivos do operariado.[35] Indicador de que o apoio desse grupo não foi apenas retórico está no fato de que um dos membros da diretoria da Associação de Resistência dos Marinheiros e Remadores, Júlio Schmidt, foi ferido na Saúde no dia 14.

Um pouco mais de luz sobre esse ponto pode ser obtido através do exame do comportamento operário no ano que prece-

---

* As listas apresentam dificuldades de interpretação. Várias foram organizadas por fábricas ou por associações operárias. Nesses casos, a ocupação dos signatários foi inferida do tipo de fábricas ou associação a que pertenciam. O problema é que nem sempre é claro onde termina a lista de uma empresa ou associação operária e onde começa outra. Há também listas avulsas que são compostas quase exclusivamente de operários. Outras listas avulsas não indicam ocupação.

Tabela 8

REPRESENTAÇÕES ENVIADAS À CÂMARA, POR OCUPAÇÃO DOS ASSINANTES, 1904

Ocupação	Número de assinantes
Operários do Estado	1 187
Operários em fábricas de tecido	661
Marítimos	1 055
Gasistas e bombeiros	808
Operários da construção civil	647
Transporte terrestre	1 058
Mobiliário	704
Outros operários	1 508
Listas avulsas de operários diversos	2 493
Total de operários	10 121
Militares	78
Sem indicação de ocupação	4 613
Total geral	14 812

FONTE: *Anais da Câmara dos Deputados*, 1904. v. IV, pp. 374-422, 695-7; v. V, pp. 13-70; v. VI, pp. 86-114, 169-79.

deu a revolta. Em maio houve o primeiro grande desfile operário, que o chefe de polícia calculou ter mobilizado 20 mil pessoas. Em agosto houve o primeiro ensaio de greve geral na história da cidade. A greve teve início em 11 de agosto na fábrica de tecidos Cruzeiro. Reivindicavam-se aumento salarial e redução das horas de trabalho. Aos poucos o movimento espalhou-se por quase todas as grandes fábricas de tecidos. Praticamente todas pararam, embora algumas, como a Bangu, o tivessem feito para evitar represálias. No dia 17 de agosto já se falava em greve geral de todas as categorias. Aderiram canteiros, pedreiros, charuteiros, sapateiros, chapeleiros, alfaiates, pintores, catraieiros, estivadores, carregadores de café. As fábricas Carioca e Luz Steárica foram atacadas. Perto da Carioca, no Jardim Botânico, houve sério tiroteio entre operários e policiais. A vila operária Casas do Saneamento foi cercada e quarenta operários foram presos. Houve ainda tiroteios perto da Aliança, nas Laranjeiras. Combustores de gás foram apagados e quebrados em Vila Isabel, Laranjeiras e Cosme Velho. Cocheiros e canteiros atacaram carroças dos que insistiam em trabalhar. Algumas fábricas foram ameaçadas com dinamite caso não fechassem as portas. A polícia perdeu o controle da situação e a guarda das fábricas foi entregue ao Exército. O movimento durou até 2 de setembro. Em 15 de setembro, os cocheiros e condutores da São Cristóvão e da Carris Urbanos entraram, por sua vez, em greve.[36]

Durante o movimento, duas categorias que ameaçavam greve chegaram a acordo com os patrões através da mediação de Vicente de Souza. Foram elas os operários da Societé Anonyme du Gaz e os do Lloyd. No caso da Societé, o presidente do Centro conversou tanto com os donos da companhia como com o ministro da Indústria, Viação e Obras Públicas, Lauro Müller. Houve outros acordos, mas aparentemente não nas fábricas de tecidos.[37] A divisão do movimento operário ficou clara. De um lado, estava o Centro, que manteve a linha tradicional de solução dos conflitos através de acordos com as autoridades. De outro, as associações operárias de postura mais radical, contrárias à interferência da política, que logo depois fundariam a Federação das Associações de Classe. Uma terceira força era a Federação de Operários e Operárias em Fábricas de Tecidos, fundada durante a greve, de postura também mais agressiva. As três vertentes correspondiam de modo geral aos três principais setores do operariado: operários do Estado, artesãos e trabalhadores fabris.

Particularmente agudo tornou-se o conflito entre o Centro e a Federação das Associações de Classe. A principal divergência dos dois grupos era em torno da natureza do movimento operário. O Centro tinha laços estreitos com políticos e sempre recorria à mediação política. Vicente de Souza candidatou-se mesmo a deputado em 1903. A Federação, pelo contrário, insistia em separar as relações industriais da política, rejeitava a interferência de políticos e de elementos burgueses em geral no movimento. Sua organização mesma se baseara no modelo anarcossindicalista da CGT francesa. Já na greve, antes de sua criação, os traços anarquistas se tinham feito sentir. Um boletim dirigido "Ao Povo" criticava violentamente a polícia, dizendo ser ela incapaz de resolver os assuntos econômicos entre patrões e operários. O final do boletim era um grito de guerra anarquista: "Às vossas violências e arbitrariedades responderemos com a dinamite e o petróleo. Vida por vida, dente por dente!".[38] Em 1905 a Federação tornou-se a Federação Operária Regional do Rio de Janeiro, sob inspiração da FORA argentina, abertamente anarquista.[39]

À luz dessas informações, fica mais fácil decifrar a participação operária na revolta de 1904. Não será uma resposta definitiva, pois alguns pontos importantes permanecem obscuros. Não fica claro, por exemplo, se houve greves durante a revolta. Há apenas referência algo confusa à parede dos estivadores. Não se sabe também se as fábricas estavam paradas por causa de greves ou por impossibilidade de funcionar. Com essas ressalvas, no entanto, podemos tentar reconstruir o que teria sido a participação operária no movimento.

O principal esforço de mobilização foi feito pelo Centro, que organizou as petições, a Liga contra a Vacina Obrigatória e os comícios. Foi o Centro o principal responsável por levar para a rua a oposição feita na Câmara e nos jornais. A motivação básica de seus líderes era política e reformista, isto é, preparar as condições para o golpe de Estado que levaria ao poder governantes mais sensíveis às demandas populares. Vicente de Souza pertencia à linha socialista que vinha de França e Silva, mas já se desencantara da possibilidade de atuação eficaz através de partidos políticos e aderira ao estilo golpista de implementar reformas inaugurado em 1889. O Partido Socialista Coletivista que fundara em 1902 não dera em nada. Seguiam-no os operários do Estado, marítimos e setores moderados em geral. Em 1905, ao ser posto em liberdade, o Centro convidou para celebrar a ocasião os ferroviários, maquinistas, foguistas, estivadores, gasistas, empregados em padarias e hotelaria. A única associação mais agressiva que entrou na lista dos convites foi o Congresso União dos Operários das Pedreiras.[40]

Os artesãos e têxteis também apoiaram o movimento. Assinaram as petições em grande número e alguns com certeza tomaram parte na ação de rua.[41] A lista de adesão referida acima era formada basicamente dos artesãos que tinham aderido à greve de 1903. Os têxteis tiveram inequívoca participação através dos ataques às fábricas de tecidos. Mas é certo que esses dois grupos discordavam das motivações do primeiro. Alguns dias após a revolta, o secretário da Federação enviou carta à imprensa criticando o Centro mais uma vez e acusando-o de ser antes um clube político do que uma organização de trabalhadores. Não foi também por acaso que os ataques às fábricas se deram após a derrota da conspiração militar. Havia provavelmente a intenção de dissociar os dois movimentos, de rejeitar as maquinações políticas de Vicente de Souza.

Resumindo, a composição da multidão variou de acordo com o desenrolar da revolta. De início o leque era amplo, incluindo, como dizia o *Correio da Manhã*, operários, comerciantes, estudantes, militares, pivetes. Fracassado o golpe que unia militares e o Centro, a ação passou a ser comandada por operários de grandes empresas, de um lado, e pelas classes perigosas, do outro, estas últimas concentradas nos redutos da Saúde e do Sacramento. Apesar do estopim único, tratava-se de revolta fragmentada, como era fragmentada a própria sociedade do Rio na época.

A origem social dos participantes é o ponto em que a revolta de 1904 mais se distancia, por exemplo, das rebeliões parisienses do século XIX. É verdade que as últimas também se caracterizavam pela existência de um povo algo indiferenciado, em que se misturavam profissionais liberais, pequenos comerciantes, criados e artesãos, além das classes perigosas — condenados, vagabundos, pequenos delinquentes. A espinha dorsal desses movimentos, no entanto, era sempre formada por artesãos, trabalhadores qualificados, em especial os da construção civil e da confecção. Em 1848 começaram a aparecer ferroviários e metalúrgicos. Mas, mesmo na Comuna, que já foi predominantemente uma insurreição operária e que foi chamada por J. Rougerie de primeira revolução do século XX, dominou ainda o operário qualificado e o de pequenas indústrias.[42] Os artesãos, com suas sólidas organizações e sua nova consciência gestada na década de 1830, aliados aos pequeno-burgueses, também organizados em clubes, e aos novos setores do operariado, davam o tom e a pujança dos movimentos parisienses.

No Rio de 1904, em tamanho uma cidade semelhante à Paris da metade do século XIX, o setor popular era em parte já mais moderno devido à presença das grandes fábricas, mas não tinha a tradição de organização e luta dos artesãos, impossível de formar-se em sociedade escravista. Tinha, por outro lado, um setor operário estatal forte e uma enorme população de subempregados. Tudo isso resultava em maior fragmentação do setor popular, que se manifestava inclusive nas revoltas. Essa diferença pode ser uma das explicações para o grau muito maior da violência das revoltas parisienses, a que correspondia também repressão mais cruenta. A título de ilustração, fornecemos na tabela 9 uma comparação entre algumas revoltas parisienses e a revolta de 1904.

Tabela 9

MORTOS E FERIDOS EM REVOLTAS POPULARES,
PARIS E RIO DE JANEIRO

	Paris					Rio de Janeiro
	1830	1832	1839	1848	1871	1904
Feridos	1327	490	123	*	*	110[3]
Mortos	211	150	84	1500	25000	30
Total	1538	640	207	1500	25000[1]	140
Presos	*	*	239[2]	15000	38578	945
Deportados	—	—	—	4383	5000	461

FONTE: Veja nota 42.
* Sem dados.
[1] Cálculo aproximado de Martin R. Waldman (*veja nota 42*). As estimativas variam de 4500 a 50000.
[2] Excluídos os detidos por motivos menores e soltos logo a seguir.
[3] Inclui baixas civis e militares.

OS MOTIVOS

Outro tema que tem intrigado e dividido os estudiosos das rebeliões populares é o da motivação que teria levado os revoltosos à ação. O ponto é crucial para nossa análise, pois é através do exame das motivações que poderemos também penetrar no universo de valores de boa parte da população do Rio, em sua visão do papel do governo e dos direitos do cidadão.

Não havendo documentos escritos que nos permitam deduzir as razões dos revoltosos, recorremos à linguagem da própria revolta, especialmente à linguagem da ação, que muitas vezes é mais reveladora que a das palavras. A história dos movimentos populares do Rio também poderá fornecer elementos de explicação.

Há consenso na historiografia de que se preparava um assalto ao poder por parte de militares que representavam um resíduo do jacobinismo florianista. Há também acordo sobre a liderança desse movimento e sobre seus principais sustentadores. O tenente-coronel Lauro Sodré era o chefe, apoiado nas Escolas Militares. Outros líderes tinham inequívoca tradição florianista e jacobina, como o major Barbosa Lima, Barata Ribeiro e mesmo Vicente de Souza; Varela era castilhista, vale dizer, farinha do mesmo saco. Lauro Sodré e Barbosa Lima deixavam claro em seus discursos qual era o seu objetivo: acabar com a república dos fazendeiros, com a república prostituída, restaurar-lhe a pureza que para eles se encarnara em Benjamin Constant e Floriano Peixoto. Os vivas propostos ao povo por Lauro Sodré, indicando a direção que dava à revolta, eram para a República.

O apelo à regeneração da República, no entanto, era por demais abstrato para arrastar a multidão à rua. A política oficial passava no Rio muito longe das preocupações da massa do povo. Por outro lado, para o êxito da empresa era necessário ter algum apoio popular, seja para legitimar o golpe, seja para criar condições psicológicas a fim de convencer os indecisos no meio da própria elite, civil ou militar. O modelo de tal ação fora o próprio 15 de Novembro, quando se atribuiu aos líderes civis republicanos a tarefa de mobilizar o povo enquanto os militares providenciavam a derrubada do governo. Já antes da República, na Revolta do Vintém de 1880, uma espécie de versão em ponto menor da Revolta da Vacina, houvera a exploração de tema popular — a reação ao novo imposto sobre passagens de bonde — por parte de líderes republicanos, como Lopes Trovão e José do Patrocínio. Não havia na época a possibilidade de tomada do poder, pois a base do movimento era puramente popular, sem apoio militar. Mas o balanço final foi sem dúvida danoso para a legitimidade do sistema imperial.[43]

Após o 15 de Novembro, o modelo foi aplicado várias vezes. O tenente Vinhaes desde o início se especializou em mobilizar setores do operariado, especialmente os do transporte urbano, ferroviário e marítimo, em greves que muitas vezes tinham cunho político. O episódio que, sob esse aspecto, mais se aproxima de 1904 foi a tentativa de golpe de março de 1900, engenhada por Vinhaes e mais dois tenentes da Marinha, com o apoio dos monarquistas. Os monarquistas forneceram 150 contos de réis com os quais os tenentes Costa Mendes e Vinhaes tentaram comprar a participação de militares e operários. O plano incluía uma greve de ferroviários, estivadores, carroceiros e cocheiros, a cargo de Vinhaes. Os grevistas deveriam concentrar-se na Prainha, de onde marchariam em triunfo para o Catete, que, a essa hora, já estaria nas mãos dos líderes da revolta. Seriam incendiados vários pontos da cidade para distrair a ação do governo. Pensou-se mesmo em usar capoeiras para prender o presidente do estado do Rio. A conspiração foi denunciada e falhou.[44]

No governo Rodrigues Alves já houvera uma tentativa de manipular a questão da compra do Acre como tema para campanha oposicionista. A assinatura do Tratado de Petrópolis em novembro de 1903 causou grande oposição no Congresso, a que se juntou a imprensa através de Edmundo Bittencourt, diretor do *Correio da Manhã*. Mas a acusação de "cessão de território" estava também por demais distante do povo para conseguir mobilizá-lo.[45] A vacina, pelo contrário, mostrou-se tema explosivo, apesar de já ser conhecida no Brasil há cem anos e de se terem vacinado no Rio mais de 150 mil pessoas entre 1846 e 1889. Isso é que deve ser explicado.

Uma das explicações afirma que a vacina foi apenas pretexto. A revolta de 1904 teria sido de natureza essencialmente econômica. Suas "verdadeiras" origens estariam na indiferença do governo em relação aos sofrimentos da população.[46] A tese nos parece duvidosa. É verdade que o governo de Campos Sales deixara o país em crise geral. Mas, como já vimos, o novo governo iniciara a retomada do crescimento. Além da queda dos preços, que começou em 1898, os grandes programas de obras públicas e de saneamento, concentrados no Rio de Janeiro, tinham aumentado em muito a oferta de empregos. Somando-se o serviço de saneamento às obras do porto, da avenida Central, do canal do Mangue, e mais ainda a Guarda Civil (criada em 1904), teremos a criação de pelo menos 8 mil novos empregos. Sendo empregos que na maior parte não exigiam mão de obra qualificada, o grosso da população deve ter sido beneficiado.[47] Não seria também fora de propósito supor que a reativação industrial iniciada em 1903 tivesse igualmente resultado em absorção de mão de obra. No comportamento dos revoltosos a única indicação de possível motivação econômica estaria nos ataques a fábricas. Poderiam estar aí agindo os operários que não tinham conseguido acordos na greve de 1903.

Outra explicação atribui a razão da revolta à reforma urbana. Mas a reforma não aparece como objeto da ira popular. Pereira Passos e Paulo de Frontin foram poupados, as representações operárias não a mencionam, a ação da massa também não parece visá-la. Uma das poucas referências à reforma que nos foi possível localizar em jornal operário não é de crítica às obras em si, mas antes reclamação contra a exploração dos que nelas trabalhavam. O *Libertário*, jornal anarquista, considera as obras "melhoramento material de incontestável valor", julgando ridículo o salário e excessivo o trabalho noturno. De fato, a irritação maior do comentarista é contra o que chama de passividade e inconsciência dos trabalhadores que tinham feito festa para Paulo de Frontin no dia da inauguração do eixo central: "Irra! já é não ter consciência".[48]

Os dois redutos da revolta, Saúde e Sacramento, também não foram áreas atingidas de maneira significativa pelas reformas. Apenas pequena parte da avenida Central localizava-se em Sacramento e quase nada da Saúde fora afetado em termos de derrubada de casas. Uma hipótese alternativa seria ter para essas áreas se deslocado a população expulsa pelo bota-abaixo. Mas aqui também os dados vão em outra direção. Entre 1890 e 1906, enquanto a população da cidade aumentava em 55% e a de alguns bairros, como o de Inhaúma, em quase 300%, a de Sacramento reduzia-se em 20% e a de Santa Rita, onde se localizava a Saúde, crescia apenas 5%. A ação de alguns comerciantes distribuindo dinheiro e querosene para os queimadores de bondes é o que mais se aproxima de uma reação à reforma de Pereira Passos, que ferira seus interesses não só através das desapropriações como também dos aumentos de impostos e taxas. Um ano antes da revolta, uma comissão de proprietários de imóveis pedira a Rodrigues Alves a saída do prefeito.[49]

A explicação mais óbvia é, naturalmente, que o motivo da revolta foi a obrigatoriedade da vacina. Há evidência da grande irritação popular com a atuação do governo na área da saúde pública, de modo especial no que se refere à vistoria e desinfecção das casas. As charges dos jornais e revistas documentam amplamente a crítica a essas atividades. Nas justificativas dos abaixo-assinados enviados à Câmara por operários mencionou-se mais de uma vez como motivo de queixas a invasão das casas, a exigência de saída dos moradores para desinfecção, o dano causado aos utensílios domésticos. Não há como negar também o medo desenvolvido em relação à vacina propriamente dita. A oposição se manifestou em discursos, abaixo-assinados, artigos, panfletos, charges, palavras de ordem. Compulsando-se a coletânea de caricaturas compilada pelo próprio Oswaldo Cruz, tem-se a impressão de que o combate à vacina foi a primeira campanha publicitária de êxito no país.[50] De acordo com uma versão dos acontecimentos, a revolta teria começado com uma vaia dirigida contra Oswaldo Cruz.[51] Morras à vacina foram comuns no início da revolta. O *Correio da Manhã* menciona morras a Oswaldo Cruz no dia 13.

A oposição perpassou a sociedade de alto a baixo. Sua natureza, no entanto, mudou de acordo com as várias camadas que nela se envolveram. No que se refere ao povo, a parte que nos interessa aqui de modo especial, a oposição adquiriu aos poucos caráter moralista. De início, os líderes da oposição apelavam principalmente para os perigos reais ou imaginários que cercavam a vacinação. Barbosa Lima e outros faziam verdadeiro terrorismo sobre tais perigos. Mas o que talvez mais tenha atingido a população foi o tom moralista emprestado à campanha, já visível no discurso de Vicente de Souza no dia 5 de novembro. Buscou-se então explorar a ideia da invasão do lar e da ofensa à honra do chefe de família ausente ao se obrigarem suas filhas e mulher a se desnudarem perante estranhos. A expressão "messalina" usada por Vicente de Souza na reunião do Centro deve ter tido efeito devastador. Mais ainda, a propaganda enveredou por uma autêntica escalada erótico-anatômica à brasileira. A vacina era aplicada nos braços com a ajuda de uma lanceta. Barbosa Lima começou a enfatizar a possibilidade da aplicação da vacina na coxa.[52] Os oradores de comício e incitadores da revolta foram mais longe. Segundo depoimento a *O Paiz*, os líderes da revolta espalhavam agentes pelos centros populares com o fim de salientarem os perigos da vacina e dizerem que seria aplicada nas coxas das mulheres e filhas, junto à virilha. José Vieira, em seu *O Bota-Abaixo*, romance que, pelo fato de ter sido o autor testemunha ocular, merece ser tratado como fonte fidedigna, informa que os oradores dos comícios do largo de São Francisco repetiam frases de Barbosa Lima e do *Correio da Manhã* e diziam que em breve cafajestes de esmeralda invadiriam os lares para "inocular o veneno sacrílego nas nádegas das esposas e das filhas".[53]

Exemplo da eficácia de tais argumentos é fornecido por Barata Ribeiro no Senado. Encontrara, como médico, um velho que não admitia de modo algum que o governo pegasse no braço de sua filha "para maculá-lo".[54] A charge reproduzida no caderno de fotos mostra como chegou à população analfabeta a versão moralista da campanha positivista. O impacto da campanha foi devastador. A prova está nas estatísticas que reproduzimos na tabela 10.

Tabela 10

VACINAÇÕES E REVACINAÇÕES NO RIO DE JANEIRO, 1904

Mês	Vacinações	Revacinações	Total
Maio	3 120	5 080	8 200
Junho	5 710	12 556	18 266
Julho	6 387	16 634	23 021
Agosto	1 617	4 419	6 036
Setembro	800	1 732	2 538
Outubro	410	728	1 138
Total	18 044	41 149	59 199

FONTE: *Jornal do Commercio*, 21.11.1904.

Os dados são cristalinos. As pessoas vacinavam-se em proporções crescentes. A partir da aprovação do projeto no Senado e de sua entrada na Câmara, houve queda vertical na vacinação e na revacinação. Em outubro o serviço estava praticamente paralisado. Não será coincidência que uma das maiores quedas se tenha dado na 5ª Delegacia de Saúde, que abrangia a Saúde e Gamboa. Aí, em outubro, apenas catorze pessoas se vacinaram e dezoito se revacinaram.[55]

Quer isto dizer que a oposição à obrigatoriedade constitui explicação suficiente para a revolta e que ela se baseou em resistência obscurantista das massas contra a ação esclarecida do governo, como queriam os porta-vozes do último? Para responder, será necessário examinar mais de perto a linguagem da multidão. Pela descrição feita acima, percebe-se que, após as escaramuças iniciais e particularmente após o fiasco da revolta militar, os discursos e palavras de ordem contra a vacina, assim como os ataques contra os símbolos da ação do governo na área da saúde pública — agentes sanitários, carroças e prédios —, desapareceram completamente. Desde o início, e cada vez mais, os principais alvos da ira popular, expressa seja por palavras, seja por ações, foram os serviços públicos e os representantes do governo, de modo especial os componentes das forças de repressão. A multidão agredia cocheiros, carroceiros, acendedores de lampiões; destruía bondes, carroças, combustores de iluminação, linhas telefônicas e telegráficas; atacava estações das companhias de transporte e gasômetros. Principalmente, ela vaiava o ministro da Justiça, insultava o chefe de polícia, atirava contra o comandante da Brigada Policial, dava batalha incessante contra a polícia e a guarda civil, atacava quartéis e postos de polícia. A reação à vacina servira para desencadear um protesto muito mais vasto e profundo.[56]

Tumultos desse tipo não eram incomuns no Rio. Já foi mencionada a Revolta do Vintém de 1880. Nesse ano, em 1º de janeiro, uma multidão de cerca de 5 mil pessoas reuniu-se no tradicional largo de São Francisco, onde foi instigada pelos discursos de Lopes Trovão a resistir ao imposto de 1 vintém sobre bilhetes de bondes. Seguiu-se então conflito com a cavalaria da polícia e os distúrbios se generalizaram. Bondes foram virados, trilhos arrancados, cocheiros espancados, mulas esfaqueadas, paralelepípedos revirados, barricadas levantadas. A revolta durou três dias. O número de mortos segundo a polícia foi de três pessoas, outras fontes mencionam até trinta mortos, certamente um exagero. A quebra de lampiões de gás verificou-se pela primeira vez em 1882, logo após a introdução do serviço, quando existiam na cidade pouco mais de 540 combustores. A motivação foi um aumento no preço do gás.[57] Nova quebra de bondes deu-se em 1901, agora dirigida especialmente contra a Companhia São Cristóvão, que aumentara o preço da passagem. No dia em que o aumento deveria entrar em vigor, 15 de junho, 26 bondes da companhia foram assaltados e queimados. Os conflitos continuaram no dia seguinte, agora entre povo e polícia. Morreu um fiscal da São Cristóvão e houve vários feridos. Em 1902, trens da Central foram assaltados por motivo de mudança de horários. No mesmo ano, foram atacados registros de água no largo da Carioca, nas ruas da Gamboa, Camerino, Senador Pompeu e outras, devido à irritação da população com a falta d'água.

O que diferenciou a Revolta da Vacina dos movimentos que a antecederam foi a intensidade e a dimensão do protesto. Tal diferença poderia ser atribuída a possível crescendo de manifestações populares iniciado em 1903. Em fevereiro desse ano houve distúrbios por ocasião de eleições legislativas e vice-presidenciais. No mesmo mês, uma substituição de abades no mosteiro de São Bento deu origem a demonstrações de natureza nativista, incentivadas por oficiais do Exército, que duraram doze dias.[58] Já foram mencionadas as manifestações de 1º de maio e a grande greve de agosto. No final do ano, 3 mil sapateiros pararam o trabalho por dois meses, ao mesmo tempo que os marinheiros da Marinha Mercante entravam em greve contra lei de recrutamento que os prejudicava. O ano de 1903 teve ao todo 31 greves, contra três em 1902. Mas a onda de protestos não passou para o ano seguinte, ou não passou na mesma intensidade. Apenas três greves se verificaram em 1904 e não houve antes da revolta nenhuma manifestação popular de maior vulto.[59]

Parece-nos que o motivo da dimensão e profundidade da Revolta da Vacina está exatamente no aspecto que a caracterizava — a justificação moral. Os movimentos anteriores foram marcadamente motivados por razões econômicas, isto é, a causa imediata era sempre uma queixa material, a saber, aumento de preços, novos impostos e taxas, serviços públicos de má qualidade, baixos salários. Eram comparáveis às revoltas de alimentos ("*food riots*") e ao ludismo dos séculos XVIII e XIX na Europa. Alterações no preço do pão e redução de empregos eram os fatores que precipitavam estes últimos movimentos. Rudé caracterizou-os como formas de ação direta voltadas para a aplicação de uma justiça elementar através da violência contra a propriedade.[60] A Revolta da Vacina, em contraste, fundamentou-se primariamente em razões ideológicas e morais. É verdade que alguma forma de justificação moral tem sido detectada mesmo nas revoltas de base econômica.[61] Mas em 1904 tal justificação estava no centro do protesto. É nossa tese que foi esse guarda-chuva moral que tornou possível a mobilização popular de 1904 nas proporções em que ela se deu.

A justificação baseava-se tanto em valores modernos como tradicionais. Para os membros da elite, os valores eram os princípios liberais da liberdade individual e de um governo não intervencionista. A retórica liberal, originalmente difundida por positivistas e liberais ortodoxos, chegou mesmo a atingir setores da classe operária. Um jornal dos gráficos, comentando a revolta em 1905, dizia que ela fora reação contra medida tirânica destinada a "esmagar todas as conquistas liberais das sociedades modernas".[62] Para o povo, os valores ameaçados pela interferência do Estado eram o respeito pela virtude da mulher e da esposa, a honra do chefe de família, a inviolabilidade do lar. Acontece que os dois tipos de valores, o moderno e o tradicional, eram perfeitamente compatíveis. Ambos convergiam na oposição à interferência do governo além de limites aceitáveis. Deu-se aí o fenômeno descrito por Rudé: a fusão de uma ideologia inerente às camadas populares com uma ideologia derivada de classes altas, a fusão de valores populares com valores burgueses, gerando a ideologia do protesto.[63] O inimigo não era a vacina em si mas o governo, em particular as forças de repressão do governo. Ao decretar a obrigatoriedade da vacina pela maneira como o fizera, o governo violava o domínio sagrado da liberdade individual e da honra pessoal. A ação do governo significava tentativa de invasão de espaço até então poupado pela ação pública. A maneira de implementar a obrigatoriedade ameaçava interferir em quase todas as circunstâncias da vida. O próprio emprego do operário podia estar em perigo.[64] Era natural que se sentissem mais ameaçados os que menos recursos tinham para defender-se. Nas justificativas das representações enviadas à Câmara esse receio é manifestado mais de uma vez. Numa delas é dito que o projeto visava principalmente "os ignorantes, isto é, os fracos e os que não gozam de privilégios ou de favores, visava bem claramente as classes mais laboriosas da nação". Na representação do Centro afirmava-se que, se os capitalistas e burgueses temiam a lei, que dizer dos operários e proletários "vivendo na república política como éramos na monarquia: os párias do Ocidente!?".[65]

A referência à República é significativa. Estava sendo violado um direito que o sistema republicano deveria, por sua própria essência, resguardar. Ao não fazê-lo, ao violá-lo abertamente, o governo colocava-se contra seus próprios princípios, colocava-se na ilegitimidade e na ilegalidade, tornando então justificável e justificado o recurso à força. Aparecia aí a sensação generalizada, entre parte da elite e entre o povo, de que o regime republicano, como era praticado, não abria espaço para a manifestação da opinião pública, não fornecia canais de participação legítima. Especialmente no que se referia ao proletariado, as promessas da República não se tinham cumprido, o apelo positivista no sentido de incorporar o proletariado à sociedade caíra em ouvidos moucos. Um dos documentos enviados à Câmara dizia que o operariado passara a descrer das coisas públicas, perdera a esperança de que a República fosse significar o desenvolvimento das liberdades cívicas.[66]

Entendida nesses termos, a reação à obrigatoriedade explica a revolta. Para citar mais uma vez o jornal *Emancipação*, a se querer punir os culpados pelos acontecimentos de 1904, dever-se-ia enforcar o governo em praça pública. Aos "vagabundos e desordeiros", segundo o jornal, cabia a honra de ter libertado com seu sangue a população da vexação monstruosa da vacina obrigatória.

CONCLUSÃO

Independentemente da intenção real de seus promotores, a revolta começou em nome da legítima defesa dos direitos civis. Despertou simpatia geral, permitindo a abertura de espaço momentâneo de livre e ampla manifestação política, não mais limitada à estrita luta contra a vacina. Desabrocharam, então, várias revoltas dentro da revolta. Caminhou a conspiração militar-Centro das Classes Operárias, que buscava derrubar o governo; os consumidores de serviços públicos acertaram velhas contas com as companhias; os produtores mal pagos fizeram o mesmo com as fábricas; a classe popular dos aventurosos e belicosos, como os chamou Vicente de Souza, retomou em dimensões mais heroicas seu combate cotidiano com a polícia. E todos os cidadãos desrespeitados acertaram as contas com o governo.[67]

Era a revolta fragmentada de uma sociedade fragmentada.

De uma sociedade em que a escravidão impedira o desenvolvimento de forte tradição artesanal e facilitara a criação de vasto setor proletário. A fragmentação social tinha como contrapartida política a alienação quase completa da população em relação ao sistema político que não lhe abria espaços. Havia, no entanto, uma espécie de pacto informal, de entendimento implícito, sobre o que constituía legítima interferência do governo na vida das pessoas. Quando parecia à população que os limites tinham sido ultrapassados, ela reagia por conta própria, por via de ação direta. Os limites podiam ser ultrapassados seja no domínio material, como nos casos de criação ou aumento de impostos, seja no domínio dos valores coletivos.

A Revolta da Vacina permanece como exemplo quase único na história do país de movimento popular de êxito baseado na defesa do direito dos cidadãos de não serem arbitrariamente tratados pelo governo. Mesmo que a vitória não tenha sido traduzida em mudanças políticas imediatas além da interrupção da vacinação, ela certamente deixou entre os que dela participaram um sentimento profundo de orgulho e de autoestima, passo importante na formação da cidadania. O repórter do jornal *A Tribuna*, falando a elementos do povo sobre a revolta, ouviu de um preto acapoeirado frases que bem expressavam a natureza da revolta e esse sentimento de orgulho. Chamando o repórter de "cidadão", o preto justificava a revolta: era para "não andarem dizendo que o povo é carneiro. De vez em quando é bom a negrada mostrar que sabe morrer como homem!". Para ele, a vacinação em si não era importante — embora não admitisse de modo algum deixar os homens da higiene meter o tal ferro em suas virilhas. O mais importante era "mostrar ao governo que ele não põe o pé no pescoço do povo".[68]

5. Bestializados ou bilontras?

O povo assistiu bestializado à proclamação da República, segundo Aristides Lobo; não havia povo no Brasil, segundo observadores estrangeiros, inclusive os bem-informados como Louis Couty; o povo fluminense não existia, afirmava Raul Pompeia. Visão preconceituosa de membros da elite, embora progressistas? Etnocentria de franceses? Mais do que isto. A liderança radical do movimento operário também não parava de se queixar da apatia dos trabalhadores, de sua falta de espírito de luta, de sua tendência para a carnavalização das demonstrações operárias, especialmente nas celebrações de 1º de maio. Quando se tratava do próprio carnaval, os anarquistas não hesitavam em usar a expressão forte de Aristides Lobo: a festa revelava, do lado dos participantes, ignorantes e imbecis, do lado dos assistentes, uma turba de bestializados; nos dois casos, um povo incapaz de pensar e de sentir.[1]

Havia, evidentemente, algo no comportamento popular que não se encaixava no modelo e na expectativa dos reformistas, tanto da elite quanto da classe operária. Modelo e expectativa que, apesar das divergências, tinham em comum a ideia do cidadão ativo, consciente de seus direitos e deveres, capaz de organizar-se para agir em defesa de seus interesses, seja pelo reformismo parlamentar, seja pelo radicalismo da ação econômica. Vimos que esse cidadão de fato não existia no Rio de Janeiro. Passado o entusiasmo inicial provocado pela proclamação da República, mostramos que, no campo das ideias, nem mesmo a elite conseguia chegar a certo acordo quanto à definição de qual deveria ser o relacionamento do cidadão com o Estado. No campo da ação política, fracassaram sistematicamente as tentativas de mobilizar e organizar a população dentro dos padrões conhecidos nos sistemas liberais. Fracassaram os partidos operários e de outros setores da população; as organizações políticas não partidárias, como os clubes republicanos e batalhões patrióticos, não duravam além da existência dos problemas que lhes tinham dado origem; ninguém se preocupava em comparecer às urnas para votar.

Por outro lado, esses cidadãos inativos revelavam-se de grande iniciativa e decisão em assuntos, em ocasiões, em métodos que os reformistas julgavam equivocados. Assim é que pululavam na cidade organizações e festas de natureza não política. Em 1846, o americano Ewbank ficou fascinado pelo peso que a religião ocupava na vida das pessoas. Ou antes, emenda o protestante que ele era, por aquilo que aqui se chamava de religião, isto é, principalmente os aspectos externos do ritual e das festas.[2] Eram famosas ainda na virada do século as festas da Penha e da Glória. A festa da Penha, que continua até hoje mobilizando milhares de pessoas da zona norte nos domingos de outubro, era sem dúvida a mais importante da cidade. Milhares de romeiros, calculados em 1899 em 50 mil, depois de subir o outeiro, organizavam imensos piqueniques acompanhados de vinho carregado em chifres, de roscas de açúcar em cordéis, de galinhas e leitões. A festa evoluía para grandes bebedeiras, uma orgia campestre, na expressão de Raul Pompeia, com muita música, misturando-se ritmos portugueses, brasileiros e africanos: o fado, o samba, a tirana, a caninha-verde. Não raro, capoeiras navalhavam romeiros. Eram também tradicionais na Penha os conflitos entre forças da polícia e do Exército. Policiar a festa era quase uma operação de guerra. Em 1899, foram necessários nove delegados, 56 praças de cavalaria e 86 de infantaria da Brigada Policial, além de uma força de cavalaria do Exército.[3] As festas da Penha, tomadas aos poucos aos portugueses pelos negros, foram também um dos berços do moderno samba carioca desenvolvido em torno de Tia Ciata e seus amigos.[4]

A festa da Glória (15 de agosto), que também ainda sobrevive, embora sem a força de antigamente, era frequentada por um público algo diferente, mais diversificado socialmente, abrangendo tanto os pobres do centro da cidade quanto as camadas mais ricas. No romance *Lucíola*, publicado pela primeira vez em 1862, José de Alencar assim descreve a festa: "Todas as raças, desde o caucasiano sem mescla até o africano puro; todas as posições, desde as ilustrações da política, da fortuna ou do talento, até o proletário humilde e desconhecido; todas as profissões, desde o banqueiro até o mendigo; finalmente, todos os tipos grotescos da sociedade brasileira, desde a arrogante nulidade até a vil lisonja, desfilaram em face de mim, roçando a seda e a casimira pela baeta ou pelo algodão, misturando os perfumes delicados às impuras exalações, o fumo aromático do havana às acres baforadas do cigarro de palha". A festa caracterizava-se ainda, durante o Império, por ser o momento de encontro da família real com o povo. No dizer de Raul Pompeia, era "ocasião de rendez-vous dos Príncipes com a arraia miúda".[5] Tipicamente, o encontro de governantes com o povo dava-se fora dos domínios da política.

Não é preciso também insistir na importância das festas do entrudo e do carnaval, bastante estudadas. Eram festas que já à época dominavam a cidade por inteiro. De tal modo a deixar o inglês Charles Dent perplexo. Ao presenciar o carnaval de 1884, sua impressão foi a de que "todo o mundo parecia ter perdido a cabeça".[6] O carnaval deu também origem a algumas das associações cariocas de maior longevidade, como os Tenentes do Diabo e os Fenianos. Mesmo associações operárias mobilizavam-se para a pândega, para irritação e desespero das lideranças anarquistas.

O espírito associativo manifestava-se principalmente nas sociedades religiosas e de auxílio mútuo. O número e a dimensão dessas sociedades são surpreendentes. Segundo levantamento encomendado pela prefeitura, havia na cidade, em janeiro de 1912, 438 associações de auxílio mútuo, cobrindo uma população de 282 937 associados. Isto representava, aproximadamente, 50% da população de mais de 21 anos, um número impressionante.[7] Ponto importante nessas associações era a base em que eram organizadas. Vê-se na tabela 11 que a grande maioria era baseada em grupos comunitários de pertencimento. As associações religiosas eram fundadas em irmandades e paróquias; as estrangeiras em grupos étnicos; as estaduais em local de origem; quase a metade das organizações operárias era baseada em fábricas ou empresas; as dos empregados públicos e operários do Estado na maior parte definiam-se por fábrica, Ministério, setor de trabalho ou repartição. Mesmo entre as associações que classificamos de "outras" e que na maioria não se limitavam a um setor da população, havia as que tinham por base bairros da cidade.

Assim, se é verdade, como observa M. Conniff e como o mostra a tabela 11, que houve ao longo do tempo mudança na natureza das associações, perdendo terreno as de caráter religioso em favor das de conotação civil ou mesmo política, não é menos verdade que em 1909 ainda predominavam amplamente os associados às instituições tradicionais.

Mesmo as associações modernas mantinham ainda o aspecto de grupo primário e assistencial. O ponto era mais visível nas associações operárias. Foi grande a luta das lideranças para trans-

Tabela 11

ASSOCIAÇÕES DE AUXÍLIO MÚTUO EXISTENTES EM 1912, POR DATA DE FUNDAÇÃO, NATUREZA E NÚMERO DE ASSOCIADOS (EM PORCENTAGENS)

Natureza	Até 1879		1880-1889		1890-1899		1900-1909		Data de fundação*		Total	
Religiosa	46,4	53,0	12,2	6,3	13,3	19,8	11,1	6,8	19,9	29,0
De estrangeiros	17,6	36,0	14,6	6,9	2,2	3,3	1,0	0,2	7,5	18,0
De estados	1,8	0,4	4,9	1,2	8,9	3,0	3,0	1,0	4,1	0,9
De operários	14,3	1,7	9,8	7,9	15,6	16,1	23,2	20,4	17,4	9,5
De operários do Estado e funcionários públicos	—	—	14,6	24,5	24,5	22,3	32,3	36,2	20,3	16,6
De empregados do comércio	—	—	2,4	29,4	—	—	3,0	5,7	1,7	6,3
De empregadores	1,8	0,6	2,4	2,6	2,2	2,5	4,1	1,1	2,9	1,3
Outras	17,9	8,3	39,0	21,2	33,3	32,0	22,3	28,6	26,2	18,4
Total	100,0	100,0	100,0	100,0	100,0	100,0	100,0	100,0	100,0	100,0
Números absolutos	56	138174	41	46840	45	25127	99	90290	241	300431

FONTE: *Assistência pública e privada no Rio de Janeiro (Brasil). História e estatística*, Rio de Janeiro, Typographia do "Anuário do Brasil", 1922. Foram incluídas apenas as associações de auxílio mútuo. As de beneficência apenas, isto é, de assistência aos pobres e não aos sócios, não foram contabilizadas.
* A primeira coluna refere-se ao número de associações; a segunda, ao número de associados.

formar organizações de assistência e cooperação em órgãos de luta ou de resistência, como se dizia na época. O levantamento da prefeitura indica que, ainda em 1909, era grande o número de associações operárias de assistência mútua; no máximo combinavam assistência com resistência. A luta da liderança radical contra o assistencialismo, o cooperativismo, era árdua e frequentemente inglória.[8]

Em termos de ação política popular, vimos que ela se dava fora dos canais e mecanismos previstos pela legislação e pelo arranjo institucional da República. Na maior parte das vezes era reação de consumidores de serviços públicos. Era reação a alguma medida do governo antes que tentativa de influir na orientação da política pública. O movimento que mais se aproximou de uma ação política clássica foi o jacobinismo. Mesmo assim, não possuía organização, tendia ao fanatismo e perdia-se em intermináveis contradições. Epítome dos movimentos de massa da época, a Revolta da Vacina mostrou claramente o aspecto defensivo, desorganizado, fragmentado, da ação popular. Revelou antes convicções sobre o que o Estado não podia fazer do que sobre suas obrigações. De modo geral, não eram colocadas demandas mas estabelecidos limites. Não se negava o Estado, não se reivindicava participação nas decisões do governo; defendiam-se valores e direitos considerados acima da esfera de intervenção do Estado, ou protestava-se contra o que era visto como distorção ou abuso.

É importante não interpretar os movimentos de revolta popular em sentido liberal clássico como exigência de redução ao mínimo da ação do Estado, ou de ilegitimidade dessa ação onde coubesse a iniciativa particular. Um estudo de Eduardo Silva sobre queixas do povo durante a primeira década do século confirma esse ponto. A fonte usada — uma coluna de jornal em que as pessoas podiam reclamar do governo — é importante por revelar a atitude do cidadão em momentos não críticos, em seu cotidiano de habitante da cidade. A conclusão do estudo é que quase só pessoas de algum modo relacionadas com a burocracia do Estado se queixavam, seja os próprios funcionários e operários, seja as vítimas dos funcionários, especialmente da polícia e dos fiscais. Reclamavam funcionários, artesãos, pequenos comerciantes, uma ou outra prostituta. Mas as queixas não revelavam oposição ao Estado. Eram antes reclamações contra o que se considerava ação inadequada, arbitrária, por parte dos agentes do governo. Ou então contra a falta de ação do poder público. Revelavam que havia entre a população certa concepção do que deveria constituir o domínio legítimo da ação do Estado. Pelo conteúdo das reclamações pode-se deduzir que esse domínio girava em torno de problemas elementares, como segurança individual, limpeza pública, transporte, arruamento.[9]

Permanece, no entanto, o fato de que entre as reivindicações não se colocava a de participação nas decisões, a de ser ouvido ou representado. O Estado aparece como algo a que se recorre, como algo necessário e útil, mas que permanece fora do controle, externo ao cidadão. Ele não é visto como produto de concerto político, pelo menos não de um concerto em que se inclua a população. É uma visão antes de súdito que de cidadão, de quem se coloca como objeto da ação do Estado e não de quem se julga no direito de a influenciar.

Como explicar esse comportamento político da população do Rio de Janeiro? De um lado, a indiferença pela participação, a ausência de visão do governo como responsabilidade coletiva, de visão da política como esfera pública de ação, como campo em que os cidadãos se podem reconhecer como coletividade, sem excluir a aceitação do papel do Estado e certa noção dos limites desse papel e de alguns direitos do cidadão. De outro, o contraste de um comportamento participativo em outras esferas de ação, como a religião, a assistência mútua e as grandes festas em que a população parecia reconhecer-se como comunidade.

Seria a cidade a responsável pelo fenômeno? Nesse caso, como caracterizá-la, como distingui-la de outras? Entramos aqui na vasta e rica literatura sobre o fenômeno urbano, em particular sobre a cultura urbana, de que não poderemos dar conta neste capítulo.[10] Não temos também ainda conclusões assentadas. As observações que seguem devem ser tomadas antes como um tatear na direção de possíveis linhas de explicação.

Os conhecidos estudos de Max Weber sobre a cidade ocidental podem servir-nos de ponto de partida. Segundo ele, a cidade ocidental medieval representou uma revolução na história e contribuiu poderosamente para o desenvolvimento da moderna sociedade industrial capitalista. A cidade medieval, em contraste com a cidade antiga, desenvolveu-se como coletividade de produtores individuais que introduziram nova concepção e nova prática de legitimidade política. A nova legitimidade baseava-se na associação de interesses dos burgueses, que com isso se tornavam cidadãos. Foi ela a primeira entidade política moderna, precedendo o próprio Estado moderno ao qual se opunha. Tornou-se autônoma, com direito próprio, justiça própria, finanças próprias, defesa própria, governo próprio. E quebrou a base associativa da sociedade anterior, ignorando condicionamentos estamentais, eclesiásticos, familiares. O novo cidadão era admitido em termos estritamente individuais. Surgia literalmente uma nova sociedade baseada na associação livre de produtores.

Tudo isso contrastava com a cidade antiga ocidental, que era predominantemente uma cidade de consumidores, orientada para fins políticos e militares. Era uma cidade marcada economicamente pelo capitalismo comercial e de pilhagem; politicamente, pelo predomínio do Estado e sua burocracia. O mundo da produção, além de secundário, dividia-se pela coexistência do trabalho livre e do trabalho escravo, obstáculo à formação das corporações que tanto marcaram a vida da cidade medieval. Na cidade antiga o cidadão era antes um guerreiro, um hoplita; sua riqueza se baseava na posse de escravos, de terras, de espólios de guerra. Sobre ela não se poderia desenvolver a sociedade moderna de mercado, nem o conceito liberal de cidadão.[11]

A cidade medieval desapareceu. No entanto, a seguirmos Weber, ela esteve na origem do capitalismo moderno de empresa e de trabalho livre, da sociedade liberal, do racionalismo formal, do individualismo. Vários de seus traços foram incorporados à sociedade e ao Estado modernos, embora ela própria tivesse sido bloqueada pelo desenvolvimento do Estado burocrático, seu grande inimigo. Para Weber, a cidade moderna típica foi a do norte da Europa, onde predominou com maior nitidez a função econômica e a separação das várias esferas de atividade. As cidades do sul da Europa teriam representado quebra menor com o passado medieval. Poderíamos dizer que as cidades da Península Ibérica sofreram ainda menos que as italianas o impacto das transformações que iam pelo norte. As distâncias tornaram-se ainda maiores ao passarem as sociedades ibéricas ao largo da Reforma protestante e da revolução científica, fatores que vieram solidificar os novos valores burgueses, particularmente os do individualismo, com todas as suas sequelas.[12]

O tema da especificidade da cultura ibérica foi retomado recentemente com grande riqueza analítica por Richard Morse, no livro *El Espejo de Próspero*. Morse coloca-se na tradição dos clássicos da sociologia ao distinguir entre formas integrativas e formas competitivas de associação. Ou, na linguagem de Dumont, entre a *societas* e a *universitas*, entre o individualismo e o holismo. A cultura ibérica estaria marcada pela ênfase na incorporação, na integração, na predominância do todo sobre o indivíduo, em oposição à cultura anglo-saxônica, que se caracterizaria pela ênfase na liberdade e na prioridade do indivíduo sobre o todo. Em termos políticos, ainda segundo Morse, a cultura ibérica, particularmente a espanhola, teria feito, no limiar da idade moderna, a opção tomista por um Estado baseado na ideia de incorporação, de bem comum, de comunidade hierarquizada. Mas permanecia na sombra, como alternativa e como tensão, uma visão oposta do Estado como maquiavelismo, como puro poder. Na visão anglo-saxônica, a tensão se dava entre a liberdade e a ordem, tendo sido possível a absorção do liberalismo e da democracia de maneira a compatibilizá-los, embora em convivência tensa. A cultura ibérica nunca teria resolvido adequadamente o problema. Nela, o liberalismo tenderia a fortalecer o lado maquiavélico, e a democracia a adquirir formas rousseaunianas, populistas, messiânicas.[13]

Curiosamente, vários pensadores brasileiros da época já tinham abordado o tema das diferenças entre a cultura anglo-saxônica e a cultura ibérica em termos que muito se aproximam das abordagens modernas, inclusive a de Morse. Alberto Sales dizia, por exemplo, que o brasileiro era muito sociável mas pouco solidário. Sua sociabilidade e extroversão davam-se nas relações pessoais e nos pequenos grupos. Faltava-lhe o individualismo dos anglo-saxões, responsável pela capacidade de associação desses povos. Para ele, era a consciência da individualidade, dos interesses individuais, que constituía a base da capacidade associativa. Pouco depois, Sílvio Romero usaria um autor francês, Edmond Demolins, para retomar o tema em linha semelhante. Empregando expressão de Demolins, ele diria que o povo brasileiro era de formação comunária, em oposição aos povos anglo-saxões, que eram de formação individualista. No Brasil (e nas culturas ibéricas em geral), predominava a família, o clã, o grupo de trabalho, ou mesmo o Estado. Em termos coletivos, o resultado era a falta de organização, de solidariedade mais ampla, de consciência coletiva. No domínio específico da política, a consequência era a orientação *alimentária* para o emprego público, hoje chamada de fisiologismo. Em contraste, o individualismo levava à iniciativa privada, ao espírito associativo, à atividade produtiva, à política de participação.[14]

Alberto Sales e Sílvio Romero elaboraram uma posição que era a de quase todos os pensadores representantes do liberalismo burguês no país, de Teófilo Ottoni a Tavares Bastos, Mauá, André Rebouças, Joaquim Murtinho. Todos reclamavam da falta entre nós do espírito de iniciativa, do espírito de associação, do espírito empresarial burguês, enfim, para usar a terminologia atual.[15] Conversamente, criticavam a excessiva dependência em relação ao Estado como regulador da atividade social e a obsessiva busca do emprego público. Sílvio Romero usava a expressão *capitalismo quebrado* para o caso brasileiro, revelando ter percebido as amplas vinculações da problemática.

Em oposição a essa visão francamente favorável à concepção burguesa e individualista do mundo, temos o ensaio de Aníbal Falcão intitulado *Fórmula da civilização brasileira*, escrito em 1883. Pioneiro em tentar diagnosticar em termos culturais a problemática nacional, Aníbal Falcão raciocinava dentro da visão positivista, antagônica ao individualismo liberal e próxima do holismo. Mas, curiosamente, seu diagnóstico das diferenças é o mesmo que o de Alberto Sales e Sílvio Romero. O Brasil, junto com os outros povos ibéricos, caracterizava-se pela sociabilidade, pela predominância dos aspectos morais, afetivos, integrativos, colaborativos. Os povos de tradição protestante eram individualistas, egoístas, voltados para aspectos materiais, para a ciência, para a competição. Falcão distinguia-se dos outros, e estava aqui naturalmente na companhia de todos os positivistas, em valorizar o lado ibérico por ser ele, segundo Comte, o que melhor correspondia à direção em que evoluía a humanidade, isto é, a integração, a síntese geral dentro da religião. Na política, Falcão não hesitava em tirar as últimas consequências de sua posição. O individualismo resultava no conflito e na dispersão democrática, considerados indesejáveis. A cultura integrativa, pelo contrário, levava à ditadura republicana de natureza coletiva e integrativa.[16]

Nossa discussão sobre os vários conceitos de cidadania em voga por ocasião da proclamação da República corrobora os termos desta dicotomia. De um lado, a visão liberal, individualista, de outro, as visões positivista e rousseauniana, integrativas, comunitárias. Na prática política, verificamos na população a ausência da ética individualista associativa. Sempre que havia espírito de associação, seja nas irmandades religiosas, seja nas organizações beneficentes, seja nas organizações operárias, ele se concretizava no estilo comunitário. As grandes festas religiosas e profanas tinham igualmente o mesmo sentido integrativo de solidariedade vertical.

Começamos com a ideia de Weber sobre a cidade ocidental, passamos para a bifurcação da cultura ocidental a partir da distinção entre as cidades do norte e do sul, da reforma protestante e do desenvolvimento do capitalismo moderno, todos fenômenos interligados. Podemos voltar agora à cidade. A cultura ibérica seria algo capaz, por si só, de explicar o Rio de Janeiro, tornando o fenômeno urbano em si irrelevante? Parece-nos que não. A cidade é capaz seja de criar cultura nova, seja de consolidar traços da cultura herdada, seja de modificar esses traços em outras direções. Uma vasta literatura já mostra também que, apesar dos traços comuns, as cidades da América Latina em geral, e mesmo do Brasil, apresentam características distintas.[17] Qual seria então a característica do Rio de Janeiro e como explicá-la?

Novamente, os estudos de Weber podem sugerir algumas ideias. O Rio de Janeiro, ao contrário de São Paulo, ou mesmo de Buenos Aires, era, sob o ponto de vista econômico, uma cidade predominantemente consumidora e de pesada tradição escravista. Criada no século XVI como entreposto militar e administrativo, a cidade tornou-se aos poucos um centro comercial e político importante no mundo colonial português, fazendo a ligação entre a metrópole, a colônia da América, o rio da Prata e a África. Na segunda metade do século XVIII, tornou-se sede da administração colonial. As funções administrativa e comercial foram reforçadas mais ainda com a chegada da corte portuguesa em 1808, que trouxe cerca de 20 mil pessoas, entre as quais boa parte da burocracia metropolitana. No mesmo ano foram abertos os portos do país ao comércio das nações amigas. Foi nessa época que a cidade começou a adquirir uma feição um pouco mais europeia. Antes pesavam muito os aspectos africanos, devido ao grande número de escravos. Às vésperas da independência, em 1822, os escravos eram ainda 46% da população. Na virada do século, quando o tráfico foi interrompido, quase 40% da população ainda era escrava, e a população branca não deveria passar dos 40%.[18]

O reflexo dessa situação de cidade administrativa e comercial de base escravista fazia-se ainda sentir no censo de 1906, que mostra uma população ocupada principalmente em comércio, transporte, administração e serviço doméstico. Essa população era três vezes maior do que a ocupada na indústria. A condição de tradicional centro administrativo e de capital do país acarretava ainda uma grande visibilidade da burocracia e um domínio do Estado sobre a cidade, numa inversão da relação existente na cidade medieval descrita por Weber. Tudo isto são traços mais próximos da cidade antiga que da cidade moderna, da cidade política antes que econômica, da cidade sem autonomia, castrada, pré-burguesa. Na tipologia de Redfield e Singer, poder-se-ia dizer que o Rio seria uma cidade ortogenética, um centro administrativo e político, sustentáculo da grande tradição cultural. São Paulo, em contraste, seria uma cidade heterogenética, comercial e industrial, culturalmente inovadora.[19]

O contraste com Buenos Aires também é claro. Embora também criada inicialmente como posto militar e administrativo e depois transformada em grande empório comercial, pelo menos três traços distinguem a capital portenha do Rio. Em primeiro lugar, a presença de escravos em Buenos Aires sempre foi reduzida; em segundo, embora feita capital do vice-reinado mais ou menos na mesma época em que o Rio se tornou a capital da colônia portuguesa, permaneceu na periferia da colônia, de modo que lá o peso do Estado nunca se fez sentir como no Rio, ou em Lima: a economia era mais forte. Finalmente, o fato de ter estado sempre em luta contra a federação até 1880 deu mais autonomia política ao governo municipal, mais autogoverno. Com a federalização em 1880, com as ondas de imigrantes que passaram a chegar, Buenos Aires se aproximou, muito mais que o Rio, do modelo de uma cidade burguesa dotada de um mercado de trabalho homogeneizado e competitivo.[20]

Porém, naturalmente, o Rio não era uma cidade antiga na plena expressão do termo. Por um lado, embebera-se na cultura cristã medieval pré-reforma, uma cultura familista, religiosa, integrativa, hierarquizada. Por outro lado, essa cultura já se vira parcialmente abalada pelo processo de colonização, feito dentro da tradição antes maquiavélica que tomista, para retomar as expressões de Morse. As transformações de fim de século, sobretudo a abolição e a República, vieram complicar o quadro, introduzindo elementos da tradição liberal individualista. Como observou Sílvio Romero, a cultura brasileira era de tradição comunitária, mas uma tradição já em crise. Em crise, podemos acrescentar, principalmente nas cidades e, entre essas, principalmente no Rio de Janeiro. O período que estudamos marcou uma exacerbação do conflito entre essas tradições antagônicas. O que resultou não foi a vitória de uma delas, antes um novo híbrido. O avanço liberal não foi acompanhado de avanço igual na liberdade e na participação. O Estado republicano perdeu os restos de elementos integrativos que possuía o Estado monárquico (lembre-se do monarquismo das classes proletárias), sem adquirir a base associativa do Estado liberal democrático. Não era *fraternitas* nem *societas*.

Perante tal Estado, a cidade reagia seja pela oposição, seja pela apatia, seja pela composição. Vimos os casos de oposição e apatia. Elaboraremos um pouco mais os de composição. Dava-se ela principalmente através da máquina burocrática dentro da lógica alimentária. Mesmo o movimento operário não escapou a essa aproximação a que chamamos de estadania. A maneira mais perversa de aproximação era o envolvimento de elementos da desordem no próprio mecanismo de composição da representação política. Refiro-me ao uso tradicional de capoeiras, capangas e malandros no processo eleitoral.

Mas as formas de entrosamento da ordem com a desordem iam além do simples uso de capoeiras em eleições. Capoeiras e capangas eram tradicionalmente usados também por políticos e poderosos em geral como instrumentos de justiça privada. Muitos capoeiras integraram a Guarda Negra que dispersava comícios republicanos. A própria polícia fazia uso deles como agentes provocadores ou informantes. O conúbio ia além da política. Diferentemente do que se pensa, por exemplo, entre os capoeiras havia muitos brancos e até mesmo estrangeiros. Em abril de 1890, ainda em plena campanha de Sampaio Ferraz, foram presas 28 pessoas sob a acusação de capoeiragem. Destas, apenas cinco eram pretas. Havia dez brancos, dos quais sete estrangeiros, inclusive um chileno e um francês. Era comum aparecerem portugueses e italianos entre os presos por capoeiragem. E não só brancos pobres se envolviam. A fina flor da elite da época também o fazia. Nesse mesmo mês de abril de 1890 foi preso como capoeira José Elísio dos Reis, filho do conde de Matosinhos, uma das mais importantes personalidades da colônia portuguesa, e irmão do visconde de Matosinhos, proprietário do jornal *O Paiz*. Como é sabido, a prisão quase gerou uma crise ministerial, pois o redator do jornal era Quintino Bocaiuva, ministro e um dos principais propagandistas da República. Outro caso famoso foi o de Alfredo Moreira, filho do barão de Penedo, embaixador quase vitalício do Brasil em Londres, onde privava do convívio dos Rothschild. Segundo o embaixador francês no Rio, Alfredo era "um dos chefes ocultos dos capoeiras e cabeça conhecido de todos os tumultos". O representante inglês informava em 1886 que José Elísio e Alfredo Moreira eram vistos diariamente na rua do Ouvidor, a Carnaby Street do Rio, em conversas com a *jeunesse dorée* da cidade.[21]

O que acontecia na capoeiragem, a convivência de classes distintas, era o que se dava tradicionalmente nas irmandades religiosas e nas organizações de auxílio mútuo. E foi o que passou a dar-se cada vez mais em instituições e atividades inicialmente exclusivistas ou mesmo vetadas e perseguidas. A população do Rio foi construindo algumas ocasiões de autorreconhecimento dentro da metrópole moderna que aos poucos se formava. A grande festa da Penha foi tomada do controle branco e português por negros, ex-escravos, boêmios; as religiões africanas passaram a ser frequentadas por políticos famosos como, pasmem, J. Murtinho; o samba foi aos poucos encampado pelos brancos; o futebol foi tomado aos brancos pelos negros. Movimentos de baixo e de cima iam minando velhas barreiras e derrotando as novas, que se tentavam impor com a reforma urbana.

Mas na política a cidade não se reconhecia, o citadino não era cidadão, inexistia a comunidade política. Diante dessa situação, não era de estranhar a apatia e mesmo o cinismo da população em relação ao poder. A apatia e o cinismo, no entanto, não parecem ser características apenas do Rio na época. Em Buenos Aires, a participação política era também muito baixa e o mesmo provavelmente acontecia na maioria das capitais latino-americanas. O que marcava, e marca, o Rio é antes a carnavalização do poder, como, de resto, de outras relações sociais. Poucos meses após a Revolta da Vacina, ela já era objeto de celebração carnavalesca, sem falar no fato de terem começado as agitações por uma farsa teatral montada por pivetes.

Em maio de 1905, alguém imaginou em poesia um grupo carnavalesco aberto por Morfeu (Rodrigues Alves), tendo como destaques dos carros alegóricos o ministro da Justiça, Seabra, fantasiado de marisco, o chefe de polícia, Cardoso, vestido de Javert, e, ao final, Oswaldo Cruz, com enorme seringa respingando formol.[22] Dois textos já mencionados, afastados no tempo quase trinta anos, mostram bem a atitude de completo desrespeito pela lei por parte dos fluminenses. As *Memórias de um sargento de milícias*, escritas em 1853 e cuja ação se passa ainda no final do período colonial, revelam um mundo em que a ordem e a desordem se misturam e se confundem, apesar da aparente oposição. O temido major Vidigal, encarnação da lei e da ordem, é usado pelos primos de Leonardo para se livrarem de um rival no amor das primas e se deixa depois convencer pelo lobby das comadres e pelo suborno da promessa de uma mancebia. Dona Maria diz abertamente ao major quando este insiste em mencionar a lei: "Ora, a lei... o que é a lei, se o major quiser?...".

Em 1891, Artur Azevedo pintaria um retrato primoroso da já então capital da República em sua revista *O Tribofe*. O autor mostra ao longo da peça a existência do tribofe, da trapaça, em todos os domínios do comportamento do fluminense. Havia tribofe na política, na bolsa, no câmbio, na imprensa, no teatro, nos bondes, nos aluguéis, no amor. Não se obedecia nem à lei dos homens, nem à de Deus. Como diria o próprio Tribofe: "Ah, minha amiga, nesta boa terra os mandamentos da lei de Deus são como as posturas municipais... Ninguém respeita!".[23]

Em revista anterior, *O Bilontra*, escrita em 1886, Artur Azevedo já abordara o mesmo tema, baseado em fato real – a venda por um bilontra de falsos títulos de nobreza. O bilontra é o espertalhão, o velhaco, o gozador; é o tribofeiro. A autoimagem do fluminense como levado da vida aparece também na revista *O Cruzeiro* (1.2.1882): "[nós os fluminenses] somos positivistas e pândegos, gostamos muito de festas e mulheres". O positivismo aí não tinha naturalmente nada a ver com o do sisudo e místico Auguste Comte. Significava pragmatismo, pé no chão, saber lidar com a realidade em benefício próprio.

Esse lado carnavalesco não pode ser derivado das características ibéricas, nem dos traços de cidade antiga que encontramos no Rio. Ele não é mesmo um traço comum a outras cidades brasileiras, exceto talvez Salvador, por mais que se tente hoje generalizá-lo para o Brasil como um todo. O que segue é esboço de explicação.

Mais do que qualquer outra cidade brasileira, o Rio acumulou forças contraditórias da ordem e da desordem. Não parece que lhe possa ser dada a característica de cidade letrada de que fala Angel Rama.[24] Embora criada com a finalidade de ser instrumento de colonização, centro de poder e de controle, a própria geografia já derrotava qualquer plano urbanístico que se lhe quisesse impor. O terreno era constituído de morros e pântanos e o desenvolvimento urbanístico da cidade foi determinado por esses fatores durante longo tempo. Consistia em ocupar os morros e ir aos poucos aterrando os pântanos. Posteriormente, já no século XX, passou-se a arrasar os morros. Mesmo assim, ainda hoje, na mais rica parte da cidade, a zona sul, convivem a classe média alta à beira-mar e o proletariado nos morros adjacentes.

A grande presença escrava, por outro lado, acrescida mais tarde dos imigrantes do país e do exterior, formou a massa proletária de que falamos. O Estado colonial, depois nacional, tinha de conviver com essa realidade. Por mais iluminista que fosse, e o Estado português não o era muito, precisou desenvolver formas de convivência, ao mesmo tempo que as irmandades constituíam também espaços de contato entre burocracia e povo e entre os vários setores da população. Nessas condições as normas legais e as hierarquias sociais iam aos poucos se desmoralizando, constituindo-se um mundo alternativo de relacionamento e valores. A escravidão dentro da casa minava a disciplina da família branca, assim como corroía os próprios padrões de relacionamento entre senhor e escravo. O predomínio de homens em relação às mulheres na composição demográfica da cidade impossibilitava em muitos casos a formação de famílias regulares. Mesmo que a autoridade o desejasse, seria impossível a aplicação estrita da lei. Daí que da parte do próprio poder e de seus representantes desenvolveram-se táticas de convivência com a desordem, ou com uma ordem distinta da prevista. A lei era então desmoralizada de todos os lados, em todos os domínios. Essa duplicidade de mundos, mais aguda no Rio, talvez tenha contribuído para a mentalidade de irreverência, de deboche, de malícia. De tribofe.

Havia consciência clara de que o real se escondia sob o formal. Nesse caso, os que se guiavam pelas aparências do formal estavam fora da realidade, eram ingênuos. Só podiam ser objeto de ironia e gozação. Perdia-se o humor apenas quando o governo buscava impor o formal, quando procurava aplicar a lei literalmente. Nesses momentos o entendimento implícito era quebrado, o poder violava o pacto, a constituição não escrita. Então tinha de recorrer à repressão, ao arbítrio, o que gerava a revolta em resposta. Mas, como vimos, eram momentos de crise, não o cotidiano.

O povo sabia que o formal não era sério. Não havia caminhos de participação, a República não era para valer. Nessa perspectiva, o bestializado era quem levasse a política a sério, era o que se prestasse à manipulação. Num sentido talvez ainda mais profundo que o dos anarquistas, a política era tribofe. Quem apenas assistia, como fazia o povo do Rio por ocasião das grandes transformações realizadas à sua revelia, estava longe de ser bestializado. Era bilontra.

Conclusão

Nossa discussão girou em torno de três temas e das relações entre eles: o tema do regime político (a República), o tema da cidade (Rio de Janeiro) e o tema da prática popular (a cidadania). Em tese e de acordo com a experiência histórica de outros povos, haveria relação positiva de reforço mútuo entre esses temas. A cidade, a vida e os valores urbanos tenderiam a favorecer a prática republicana, que, por sua vez, se caracterizaria pela ampliação da cidadania. A República, mesmo no Brasil, apresentou-se como o regime da liberdade e da igualdade, como o regime do governo popular. A cidade fora o berço da cidadania moderna e, no Brasil, o Rio de Janeiro, maior centro urbano, apresentava as melhores condições de fornecer o caldo de cultura das liberdades civis, base necessária para o crescimento da participação política.

Encontramos realidade diferente. Nossa República, passado o momento inicial de esperança de expansão democrática, consolidou-se sobre um mínimo de participação eleitoral, sobre a exclusão do envolvimento popular no governo. Consolidou-se sobre a vitória da ideologia liberal pré-democrática, darwinista, reforçadora do poder oligárquico. As propostas alternativas de organização do poder, a do republicanismo radical, a do socialismo e mesmo a do positivismo, derrotadas, foram postas de lado. A cidade do Rio de Janeiro, por sua vez, não apresentava as características da cidade burguesa onde se desenvolveu a democracia moderna. O peso das tradições escravista e colonial obstruía o desenvolvimento das liberdades civis, ao mesmo tempo que viciava as relações dos citadinos com o governo. Era uma cidade de comerciantes, de burocratas e de vasto proletariado, socialmente hierarquizada, pouco tocada seja pelos aspectos libertários do liberalismo, seja pela disciplina do trabalho industrial. Uma cidade em que desmoronava a ordem antiga sem que se implantasse a nova ordem burguesa, o que equivale a outra maneira de afirmar a inexistência das condições para a cidadania política.

A relação da República com a cidade só fez, em nosso caso, agravar o divórcio entre as duas e a cidadania. Primeiro, por ter a República neutralizado politicamente a cidade, impedindo que se autogovernasse e reprimindo a mobilização política da população urbana. A seguir, quando a República, uma vez consolidada, quis fazer da cidade-capital o exemplo de seu poder e de sua pompa, o símbolo, perante a Europa, de seus foros de civilização e progresso (bem como de sua confiabilidade como pagadora de dívidas). A castração política da cidade e sua transformação em vitrine, esta última efetivada nas reformas de Rodrigues Alves e na grande exposição nacional de 1908, inviabilizaram a incorporação do povo na vida política e cultural. Porque o povo não se enquadrava nos padrões europeus nem pelo comportamento político, nem pela cultura, nem pela maneira de morar, nem pela cara.

Na República que não era, a cidade não tinha cidadãos. Para a grande maioria dos fluminenses, o poder permanecia fora do alcance, do controle e mesmo da compreensão. Os acontecimentos políticos eram representações em que o povo comum aparecia como espectador ou, no máximo, como figurante. Ele se relacionava com o governo seja pela indiferença aos mecanismos oficiais de participação, seja pelo pragmatismo na busca de empregos e favores, seja, enfim, pela reação violenta quando se julgava atingido em direitos e valores por ele considerados extravasantes da competência do poder. Em qualquer desses casos, uma visão entre cínica e irônica do poder, a ausência de qualquer sentimento de lealdade, o outro lado da moeda da inexistência de direitos. A lealdade era possível em relação ao paternalismo monárquico, mais de acordo com os valores da incorporação, não em relação ao liberalismo republicano.

Impedida de ser república, a cidade mantinha suas repúblicas, seus nódulos de participação social, nos bairros, nas associações, nas irmandades, nos grupos étnicos, nas igrejas, nas festas religiosas e profanas e mesmo nos cortiços e nas maltas de capoeiras. Estruturas comunitárias não se encaixavam no modelo contratual do liberalismo dominante na política. Ironicamente, foi da evolução dessas repúblicas, algumas inicialmente discriminadas, se não perseguidas, que se foi construindo a identidade coletiva da cidade. Foi nelas que se aproximaram povo e classe média, foi nelas que se desenhou o rosto real da cidade, longe das preocupações com a imagem que se devia apresentar à Europa. Foi o futebol, o samba e o carnaval que deram ao Rio de Janeiro uma comunidade de sentimentos, por cima e além das grandes diferenças sociais que sobreviveram e ainda sobrevivem. Negros livres, ex-escravos, imigrantes, proletários e classe média encontraram aos poucos um terreno comum de autorreconhecimento que não lhes era propiciado pela política. Fenômeno semelhante se deu em Buenos Aires, onde o tango, saído da cultura marginal dos camponeses e imigrantes, foi absorvido pela cultura da classe tradicional e tornou-se o símbolo da cidade, se não do país.

Mas, ainda hoje, tempo de Nova República, livre da tarefa de representar o país e tendo conquistado o direito de eleger seus governantes, a cidade não consegue transformar sua capacidade de participação comunitária em capacidade de participação cívica. A atitude popular perante o poder ainda oscila entre a indiferença, o pragmatismo fisiológico e a reação violenta. O conluio da ordem com a desordem, da lei com a transgressão, outrora tipificado no uso de capoeiras nas eleições, continua em plena vigência através do acordo tácito entre autoridades e banqueiros do jogo do bicho. A Cidade, a República e a Cidadania continuam dissociadas, quando muito perversamente entrelaçadas. O esforço de associá-las segundo o modelo ocidental tem-se revelado tarefa de Sísifo. Já é tempo talvez de se fazer a pergunta se o caminho para a cidadania não deve ser outro. Se a República não republicanizou a cidade, cabe perguntar se não seria o momento de a cidade redefinir a República segundo o modelo participativo que lhe é próprio, gerando um novo cidadão mais próximo do citadino.

Notas

INTRODUÇÃO (PP. 9-14)

1. Carta de Aristides Lobo ao *Diário Popular* de São Paulo, em 18.11.1889. Citada por Leôncio Basbaum, em *História sincera da República, de 1889 a 1930* (São Paulo: Fulgor, 1968), p. 18.
2. Veja Louis Couty, *L'Esclavage au Brésil* (Paris: Librairie de Guillaumin et Cie. Editeurs, 1881), p. 87.
3. Veja Herbert A. Deane, *The Political and Social Ideas of St. Augustine* (Nova York e Londres: Columbia University Press, 1963), pp. 116-53.
4. *Revolução*, 21.4.1881.
5. *Voz do Povo*, 9.1.1890 e 7.1.1890. O redator do jornal era Gustavo de Lacerda.
6. *Echo Popular*, 11.3.1890.
7. Sobre as cidades como centros de libertação e do desenvolvimento de relações contratuais, veja Lewis Munford, *The City in History* (Nova York: Harcourt, Brace and World, Inc., 1961), especialmente pp. 261-5.
8. Campos Sales a Saldanha Marinho, 25.5.1887 (AGCRJ, 41-1-60), pp. 20-1.

1. O RIO DE JANEIRO E A REPÚBLICA (PP. 15-39)

1. Sobre a demografia da cidade, veja Samuel Adamo, "The Broken Promise: Race, Health, and Justice in Rio de Janeiro, 1890-1940" (Tese de Doutorado.

Universidade do Novo México, 1983), cap. II. Sobre a situação social em geral, veja Sylvia Fernandes Padilha, "As condições de vida na cidade do Rio de Janeiro, 1889-1906: Resultados preliminares" (FCRB, mimeo, 1984).

2. Nogueira Soares a Barros Gomes, 8.4.1887 (RAB). A observação de Evaristo de Moraes está em AGCRJ, 48-4-56.

3. "No Maranhão falavam com tanto assombro dos gatunos da Corte! — os tais capoeiras!" (Aluísio Azevedo, *Casa de pensão*. Goiânia: Liv. e Ed. Walfré Ltda., 1982. p. 41.) Veja também Plácido de Abreu, *Os capoeiras* (Rio de Janeiro: Typ. da Escola de Serafino José Alves, s.d.). Sobre a gatunagem, veja Vicente Reis, *Os ladrões no Rio, 1898-1903* (Rio de Janeiro: Cia. Typ. do Brazil, 1903).

4. AGCRJ, 41-4-5.

5. Jornal *O Tempo*, citado por Verediano Carvalho no prólogo a *O Encilhamento* (Belo Horizonte: Ed. Itatiaia, 1971. p. 12). O romance de Taunay foi publicado originalmente em 1893, em folhetins, sob o pseudônimo de Heitor Malheiros.

6. Relatório do segundo-secretário da legação portuguesa, Antônio da Franca, anexo a ofício de Paço d'Arcos a Hintze, 7.4.1893 (RAB).

7. Adam a Salisbury, 9.1.1891 (PRO. FO 13, 675), e Sylvia Fernandes Padilha, "As condições de vida", p. 52.

8. AZEVEDO, Artur. *O Trifobe. Revista fluminense do anno de 1891*. Rio de Janeiro: H. Lombaerts & Cia. Editores, 1892. p. 60.

9. Sobre os jacobinos, veja June Hahner, "Jacobinos versus Galegos: Urban Radicals versus Portuguese Immigrants in Rio de Janeiro in the 1890's" (*Journal of Interamerican Studies and World Affairs*, 18 (2): 125-54, May 1976).

10. Sobre os operários no início da República, veja Ângela Maria de Castro Gomes, "A hora e a vez dos trabalhadores; República e socialismo na virada do século" (mimeo, 1984).

11. Veja a lista de expulsos enviada pelo chefe de polícia ao ministro da Justiça a 8 de janeiro de 1895 (AN, Cx 6C5). Veja também os *Relatórios* do ministro da Justiça referentes aos anos de 1893 e 1894, pp. 27 e 59, respectivamente.

12. Citado em *Socialismo brasileiro* (Sel. e introd. Evaristo de Moraes Filho. Brasília: Câmara dos Deputados-UnB, s.d.), p. 5.

13. Citado em Raimundo Magalhães Júnior, *Deodoro. A espada contra o Império* (São Paulo: Cia. Editora Nacional, 1957), v. II, p. 161.

14. AZEVEDO, Artur. *O Trifobe*. p. 58. Agradeço a Flora Süssekind e Raquel Valença o acesso a *O Rio em 1877*. Trifobe era termo usado em corridas de cavalos e significava a vitória inesperada de um cavalo por meio de fraude.

15. POMPEIA, Raul. *Obras*. Org. Afrânio Coutinho. Rio de Janeiro: Civilização Brasileira/OLAC, 1980. v. VI, pp. 118-9.

16. Sobre Lima Barreto, veja Francisco de Assis Barbosa, *A vida de Lima Barreto (1881-1922)* (6ª ed. Rio de Janeiro: José Olympio/INL-MEC, 1981). Os

ataques ao racismo de Rio Branco aparecem em mais de um local na obra de Lima Barreto. Para um exemplo, veja *Os Bruzundangas* (São Paulo: Brasiliense, 1956), pp. 143-54, em que o barão aparece na figura do visconde de Pancome.

17. RIO, João do. *A alma encantadora das ruas*. Rio de Janeiro: Organizações Simões, 1952. pp. 213-4. A edição original do livro é de 1910.

18. SALES, Campos. *Da propaganda à presidência*. São Paulo: s. ed., 1908. p. 252. Agradeço a Marcos Veneu a lembrança da citação.

19. Para informações sobre a organização do governo municipal do Rio no início da República, baseei-me em Ana Marta Rodrigues Bastos, "O Conselho de Intendência: Organização e representatividade, 1889-1892" (FCRB, mimeo, 1984). A citação de *O Paiz* está na p. 18 desse texto.

20. Para um resumo do Código, veja Ana Marta Rodrigues Bastos, "O Conselho de Intendência".

21. Sobre o uso da imprensa como veículo de comunicação das queixas populares, veja Eduardo Silva, "As queixas do povo; Massas despolitizadas e consolidação da República" (FCRB, mimeo, 1984). O autor usa como fonte uma coluna publicada sistematicamente pelo *Jornal do Brasil*, intitulada "Queixas do povo".

22. Totonho e Lucrécio Barba de Bode são personagens de *Numa e a ninfa*. A imprecisão de limites entre a ordem e a desordem dava-se também, como seria de esperar, entre polícia e criminosos ou contraventores. Um exemplo humorístico é o do homossexual Traviata, que, ao ser preso certa vez, revelou que o chefe de polícia era seu freguês... Sobre as várias faces da polícia do Rio, veja Marcos Luiz Bretas, "Policiar a cidade republicana" (*Revista OAB-RJ*, 22: 47-60, jul. 1985).

23. AZEVEDO, Aluísio. *O cortiço*. Goiânia: Liv. e Ed. Walfré Ltda., 1982. Especialmente pp. 102, 158-60, 223-5.

24. Sobre o mundo intelectual na belle époque do Rio, veja A.L. Machado Neto, *Estrutura social da república das letras — Sociologia da vida intelectual brasileira, 1870-1930* (São Paulo: Grijalbo, 1973), e Jeffrey D. Needell, "Rio de Janeiro at the Turn of the Century: Modernization and the Parisian Ideal" (*Journal of Interamerican Studies and World Affairs*, 25 (1): 83-103, Feb. 1983). Sobre Lima Barreto e Euclides como escritores dissidentes, veja Nicolau Sevcenko, *Literatura como missão — Tensões sociais e criação cultural na Primeira República* (São Paulo: Brasiliense, 1983).

25. Sobre a Pequena África e as origens do samba carioca, veja Roberto Moura, *Tia Ciata e a Pequena África no Rio de Janeiro* (Rio de Janeiro: Funarte, 1983).

2. REPÚBLICA E CIDADANIAS (PP. 40-62)

1. Veja Raul Pompeia, *Obras* (1982), v. IX, pp. 351-2, e visconde de Taunay, *O Encilhamento*.

2. Para dados sobre participação eleitoral, veja Joseph L. Love, "Political Participation in Brazil, 1881-1969" (*Luso Brazilian Review*, VII (2): 2-24, Dec. 1970). Note-se que Love não se refere aos dados eleitorais de antes da eleição direta, o que lhe permite afirmar que a República representou um aumento significativo na participação política. Tal conclusão não seria válida se a comparação se fizesse com o número de votantes das eleições indiretas do Império.

3. ROBSON, J. M., ed. *Collected Works of John Stuart Mill*. Toronto: University of Toronto Press, 1977. v. XIX, p. 470. Para fazer justiça a Mill, é preciso acrescentar que, ao mesmo tempo que excluía o analfabeto do direito de voto, ele considerava um dever da sociedade fornecer os meios de alfabetização a todos os cidadãos. Veja também José Antônio Pimenta Bueno, *Direito público brasileiro e análise da Constituição do Império* (Brasília: Senado Federal, 1978), pp. 442, 461-4. A primeira edição dessa obra é de 1857. Para uma discussão do tema, já na República, veja Victor de Britto, *O sufrágio proporcional e a democracia representativa* (Rio de Janeiro: Imprensa Nacional, 1914), especialmente caps. VI e VII.

4. Veja Luís Washington Vita, *Alberto Sales, ideólogo da República* (São Paulo: Cia. Editora Nacional, 1965). Em justiça, Alberto Sales era mais democrático do que o foram os constituintes, pois admitia o voto dos analfabetos e das mulheres. Segundo ele, o sufrágio é função mas também direito, devendo ser concedido a todos os que de alguma maneira cooperam na vida social. Veja a obra acima, pp. 196-200.

5. Era sintomático que as manifestações republicanas no Rio sempre terminassem com o canto da Marselhesa. Frequentemente eram feitas no próprio 14 de Julho, para desespero do embaixador francês. Veja Amelot a Spuller, 10.7.1889 (MAE, Correspondance Politique, Brésil, 1871-1896). A comemoração do 14 de Julho em 1889, apesar dos cuidados do embaixador, terminou em conflitos de rua entre republicanos e monarquistas. No dia seguinte haveria o atentado a bala contra o imperador. Silva Jardim insistia em que a Monarquia caísse em 1889 para coincidir com o centenário da Revolução Francesa.

6. Sobre Silva Jardim, veja Maurício Vinhas de Queiroz, *Paixão e morte de Silva Jardim* (Rio de Janeiro: Civilização Brasileira, 1967).

7. O manifesto está reproduzido em Reynaldo Carneiro Pessoa, *A ideia republicana no Brasil através dos documentos* (São Paulo: Alfa-Omega, 1973), pp. 106-13. A referência do texto está na p. 109.

8. Veja "Carta política ao país e ao Partido Republicano", de 6 de janeiro de 1889, reproduzida em Reynaldo Carneiro Pessoa, *A ideia republicana*, pp. 114-45. A referência do texto está na p. 143. E Alberto Sales, *A pátria paulista* (Brasília: UnB, 1983). A primeira edição dessa obra é de 1887.

9. Sobre os militares no Império, veja John H. Schulz, "The Brazilian Army in Politics, 1850-1894" (Tese de Doutorado. Princeton University, 1973). Os aspectos organizacionais e ideológicos da insatisfação militar são examinados em José Murilo de Carvalho, "As Forças Armadas na Primeira República: O Poder Desestabilizador" (*História geral da civilização brasileira*. Org. Boris Fausto. São Paulo: Difel, 1977. t. III, v. II, pp. 181-234).

10. Sobre a Guarda Nacional e sua inspiração democrática inicial, veja Jeanne Berrance de Castro, *A milícia cidadã: A Guarda Nacional de 1831 a 1850* (São Paulo: Cia. Editora Nacional, 1977).

11. Os militares lutavam também por status social, apesar de haver aí contradição com a demanda de igualdade. Era comum na época o tratamento de "cidadão doutor general", em que se misturavam o igualitarismo civil, o status social e a hierarquia militar. Mais complicada, se não cômica, foi a concessão de honras de general de brigada aos ministros civis em 1890. O resultado foi essa preciosa combinação: "cidadão general doutor Rui Barbosa". Vexadíssimo, Rui não queria aceitar a duvidosa honraria, só o fazendo a pedidos de amigos republicanos como Barata Ribeiro. Veja FCRB, Pasta La Prensa, carta de Rui ao redator, 20.12.1893; e Pasta Barata Ribeiro, carta s.d. a Rui. Por ocasião da concessão das honras, o embaixador francês ficou feliz por estar presente apenas como curioso, pois "il m'eût été difficile de féliciter sérieusement les ministres de la distinction qui leur était conférée" (MAE, Blondel a Ribot, 27.5.1890).

12. POMPEIA, Raul. *Obras.* v. VI, p. 117.

13. SODRÉ, Lauro. *Crenças e opiniões*. Belém: Tipografia do Diário Oficial, 1896. p. 241. A afirmação consta da mensagem de Lauro Sodré ao Congresso Legislativo do Pará, em fevereiro de 1896.

14. POMPEIA, Raul. *Obras.* v. IX, pp. 378-82 e 550-2.

15. *O Soldado*, 22 e 25.3.1881; 1º e 5.4.1881. De fato, o direito do voto já tinha sido retirado das praças pela lei eleitoral de 1846. A de 1881 privou desse direito os serventes de repartições públicas. No entanto, dado o fato de ter ela introduzido mecanismos muito mais rigorosos e mais trabalhosos de verificação da renda, número muito maior de cidadãos se viu excluído da franquia eleitoral.

16. *Revolução*, 21.4.1881.

17. MENDES, R. Teixeira. "A incorporação do proletariado na sociedade moderna" (*Igreja e Apostolado Positivista do Brasil*, n. 77, jul. 1908). A influência positivista nessa área foi duradoura. Em 1919 o deputado João Pernetta apresentou à Câmara um projeto de legislação social em bases estritamente positi-

vistas, muito próximas das propostas do Apostolado ao governo provisório. Veja Câmara dos Deputados, Comissão de Legislação Social, *Relatório apresentado pelo deputado João Pernetta* (Rio de Janeiro: Imprensa Nacional, 1919).

18. Veja o jornal de França e Silva, *Echo Popular*, 13.3.1890. Além de Vinhaes, Gustavo de Lacerda, que redigia *A Voz do Povo*, também disputava com França e Silva a formação de um partido operário. Ao final, foram formados três partidos, todos de vida efêmera. Ver a respeito José Augusto Valladares Pádua, "A capital, a República e o sonho: A experiência dos partidos operários de 1890" (*Dados — Revista de Ciências Sociais*, 28 (2): 163-92, 1985.

19. Veja as intervenções de Vinhaes na Constituinte, especialmente sessões de 4.2 e de 23.2.1891, em *Annaes do Congresso Constituinte de 1891* (Rio de Janeiro: Imprensa Nacional, 1926), v. III, pp. 447-53, 818-24. Veja também suas intervenções na primeira legislatura, em *Annaes da Câmara dos Deputados* (Rio de Janeiro: Imprensa Nacional, 1891), especialmente v. I, pp. 106-8, 420-1, 590-1; v. II, pp. 504-6; v. III, pp. 35-6, 238-9, e v. IV, pp. 24, 179-80. Veja ainda *O Paiz*, 18/22/23/31.1.1890. Na Câmara falavam também a favor dos operários Barbosa Lima e Lauro Sodré, positivistas, e Sampaio Ferraz.

20. Veja *Echo Popular*, 6/8/11/13.3.1890. Para as ideias de Gustavo de Lacerda, veja *A Voz do Povo*.

21. Vários programas desses partidos podem ser encontrados, juntamente com um breve histórico do movimento socialista, em *Socialismo brasileiro*, pp. 16-26, 238-58. Veja também Gustavo de Lacerda. *O problema operário no Brasil* (Propaganda Socialista, Rio de Janeiro, 1901), que contém o programa do Centro Operário Radical criado por ele no Rio, em 1892. Ainda no Rio, um dos porta-vozes do socialismo reformista era o jornal *O Primeiro de Maio* (1898), redigido por Evaristo de Moraes, J. Azurara e J. Palma, com a colaboração de Vicente de Souza e Mariano Garcia. Em São Paulo, surgiu um Centro Socialista em 1896, transformado em Partido Operário Socialista em 1897 e em Partido Socialista Internacional em 1898, cujo órgão de divulgação era *O Socialista*. O programa do partido de 1897 está nesse jornal, edição de 1º.5.1897. Em 1902 houve na capital paulista um segundo Congresso Socialista, de que resultou a criação de um Partido Socialista Brasileiro. O manifesto do Congresso pode ser encontrado em Antônio dos Santos Figueiredo, *A evolução do Estado no Brasil* (Porto: Impr. Indústr. Gráf. do Porto Ltda., 1926), pp. 156-68. O partido durou cerca de um ano.

22. Sobre o anarquismo em seus inícios no Brasil, veja Elysio de Carvalho, "O movimento anarquista no Brasil" (*Kultur*, *1*: 2 e 3.3.1904, e *Kultur*, *3*: 22-4, Floreal, 112/ago. 1904). Veja também M. Curvelo de Mendonça, "O movimento socialista no Brasil" (*Almanaque Brasileiro Garnier*, 272-7, 1905, e *Almanaque Brasileiro Garnier*, 210-3, 1906). Elysio calculou em 10 mil o número de comunistas (anarquistas) no país, número que Neno Vasco achou muito exagerado; ver *Kultur*, 2:

VISÕES DA ÉPOCA

O jornal *A Cidade do Rio,* representado como mulher nua, cumprimenta, "em nome do comércio, da lavoura, da indústria e do Povo", o marechal Deodoro.

"Em ordem de marcha para a turumbamba eleitoral..." (*acima*)
e "O pau das Laranjeiras — eleição na rua Guanabara" (*abaixo*).
Irineu Machado e o estilo da campanha eleitoral da época.

"Vacina de nova espécie":
— Mas, ó sia Zefa! Olhe que a vacina não faz mal nenhum, nem mesmo a você!
— Eh! eh! meu branco! O seu Mané da venda disse que o *Jorná do Comerço* do dia 23 traz uma história dos positivista que fala duma vacina que é uma pouca vergonha! Eu não quero saber mais disso!

Atitude do povo imaginada pelo "sr. Oswaldo Costas Quentes" e sua atitude real perante a vacinação obrigatória (da esquerda para a direita, Zé Povo, Oswaldo Cruz, o ministro da Justiça J. J. Seabra, o chefe da polícia Cardoso de Castro e o presidente da República Rodrigues Alves).

Calças e casaco de Zé Povo levados pela Higiene e a Prefeitura, enquanto o ministro da Fazenda, Bulhões, pede a camisa para equilibrar o orçamento; à esquerda, o presidente da República, Rodrigues Alves.

Bonde virado na praça da República
durante a Revolta da Vacina.

O mapa da Revolta da Vacina

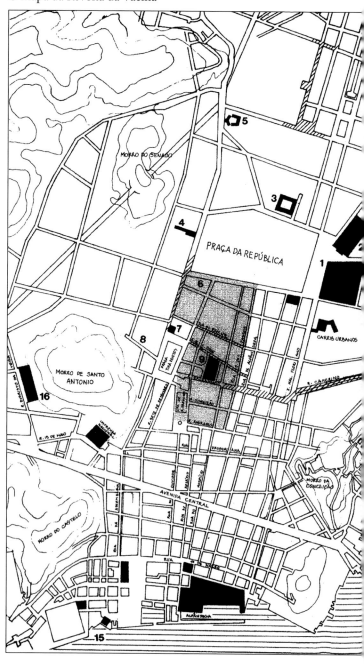

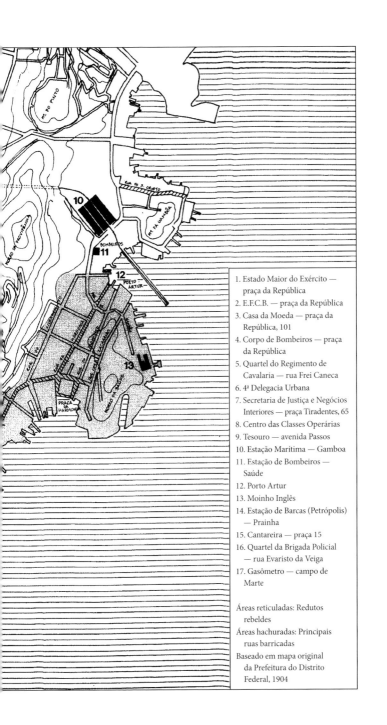

1. Estado Maior do Exército — praça da República
2. E.F.C.B. — praça da República
3. Casa da Moeda — praça da República, 101
4. Corpo de Bombeiros — praça da República
5. Quartel do Regimento de Cavalaria — rua Frei Caneca
6. 4ª Delegacia Urbana
7. Secretaria de Justiça e Negócios Interiores — praça Tiradentes, 65
8. Centro das Classes Operárias
9. Tesouro — avenida Passos
10. Estação Marítima — Gamboa
11. Estação de Bombeiros — Saúde
12. Porto Artur
13. Moinho Inglês
14. Estação de Barcas (Petrópolis) — Prainha
15. Cantareira — praça 15
16. Quartel da Brigada Policial — rua Evaristo da Veiga
17. Gasômetro — campo de Marte

Áreas reticuladas: Redutos rebeldes
Áreas hachuradas: Principais ruas barricadas
Baseado em mapa original da Prefeitura do Distrito Federal, 1904

Os distúrbios no largo do Rocio (atual praça Tiradentes) durante a Revolta da Vacina.

A barricada da Saúde, o Porto Artur,
durante a Revolta da Vacina.

A avenida Central na inauguração do eixo central (7.9.1904) entre a General Câmara e a Prainha (*acima*) e entre a General Câmara e a Santa Luzia (*ao lado*).

KOSMOS, SETEMBRO DE 1904

Prata Preta, o temido líder rebelde do reduto da Saúde.

O Porto Artur da Saúde e Prata Preta, ridicularizados por *O Malho*.

"Monumento da época":
Rodrigues Alves: Sonolência ou morte!

"Eis aí o homem!": os males que afligiam a população
no início da República.

18-9, Germinal, 112/jun. 1904. A lista de jornais citada não é exaustiva, e limita-se ao Rio. Como se sabe, a maior força do anarquismo estava em São Paulo.

23. CARVALHO, Elysio de. "O movimento anarquista". pp. 2-3. Sobre o anarquismo veja também Sheldon C. Maram, *Anarquistas, imigrantes e o movimento operário no Brasil, 1890-1920* (Rio de Janeiro: Paz e Terra, 1979).

24. MOTA, Benjamim. *Rebeldias*. São Paulo: Tipografia Brasil de Carlos Gerke & Cia., 1898. pp. 46-52.

25. As resoluções do congresso estão em *O Congresso*, 27.10.1906, p. 3. O discurso de B. Mota está em *Novo Rumo*, 1º.5.1906, pp. 2-3.

26. Veja *Novo Rumo*, 28.12.1906, pp. 2-3.

27. COB, *Desde o umbral do palácio Monroe*, folheto, 1912. O título refere-se ao fato de ter sido o congresso realizado no palácio Monroe, onde não tiveram entrada os anarquistas.

28. Veja Ferdinand Tönnies, *Community and Society* (Nova York: Harper and Row Publishers, 1963); Emile Durkheim, *De la Division du Travail Social* (Paris: Presses Universitaires de France, 1973); Charles H. Cooley, *Social Organization* (Nova York: 1909). Sobre o pensamento de Herbert Spencer, veja Lewis A. Coser, *Masters of Sociological Thought* (Nova York: Harcourt Brace Jovanovich, Inc., 1971), pp. 89-127.

29. PIRENNE, Henri. *Medieval Cities*. Garden City: Doubleday Anchor Books, s.d. Especialmente, pp. 121-51; THOMPSON, E. P. *The Making of the English Working Class*. Nova York: Vintage Books, 1966. pp. 77-101; ROUSSEAU, Jean-Jacques. *Du Contrat Social*. Introd. notes et commentaire par Maurice Halbwachs. Paris: Aubier Montaigne, 1967.

30. O manifesto foi reproduzido por jornais operários do Rio. Veja, por exemplo, *O Baluarte*, 8.3.1907, e *O Marmorista*, 1º.7.1907.

31. Veja *O Baluarte*, 15.12.1907. Numa das poucas manifestações contrárias, a Sociedade União dos Operários Estivadores apoiou o sorteio, atitude que *O Baluarte* tachou de vergonhosa em edição de 1º.3.1908.

32. *Terra Livre*, 22.6.1907. *Não Matarás*, n. 1, mar. 1908.

33. *A Voz do Trabalhador*, 15.7 e 6.12.1908.

34. Veja Miguel Lemos e R. Teixeira Mendes, "Razões contra a Lei da Grande Naturalização" (In: *Annaes do Congresso Constituinte da República*. 2ª ed. Rio de Janeiro: Imprensa Nacional, 1924. v. I, pp. 493-505).

35. Ibid., p. 505. Seguindo Rousseau, Comte também achava que, para um adequado funcionamento, as nações deveriam ter dimensões reduzidas, no máximo 3 milhões de habitantes.

36. Veja FCRB, Pastas referentes aos nomes citados. A reação veio de Ennes de Souza, diretor da Casa da Moeda. Veja Pasta Ennes de Souza, Memo de 30.9.1890, e Pasta Antônio Joaquim de Sousa Botafogo, parecer s.d. e bilhete de Ennes de Souza.

3. CIDADÃOS INATIVOS: A ABSTENÇÃO ELEITORAL (PP. 63-86)

1. COUTY, Louis. *L'Esclavage au Brésil*. pp. 87-90.
2. Blondel a Spuller, Rio, 18.11.1889 (MAE, Correspondance Politique, 53). E carta particular de Amelot a Granville, 20.11.1889, mesma localização. O conde Amelot de Chaillou foi representante francês no Rio de 1882 a 1889. Regressou à França em setembro desse ano, sendo substituído interinamente pelo secretário da legação, Camile Blondel.
3. Frederick Adam a Salisbury, ofício confidencial de 16.5.1891 (PRO, FO 13, 676). Adam era secretário da legação, substituindo George Windham, que viajara à Inglaterra.
4. POMPEIA, Raul. *Obras*. v. IX, pp. 365, 373-4. Nesse desencanto com a realidade social fluminense, Raul Pompeia teria a companhia de outro intelectual de postura política muito diferente. Em 1904, comentando a Revolta da Vacina, Olavo Bilac viu no que considerava arruaças a prova de que "nós ainda não somos um povo". Para Bilac, quem não sabia ler não via, não raciocinava, não vivia (*Kosmos, I* (11): 1º.11.1904).
5. Raikes a Salisbury, confidencial, 6.7.1897 (PRO, FO, 13, 767).
6. Paço d'Arcos a Valbom, 23.12.1892 (RAB, Cx. 223, Série A, Conf., 19). Barbaroux era o chefe dos marselheses que chegaram a Paris para derrubar a Monarquia a 10 de agosto de 1792.
7. Paço d'Arcos a Hintze, 6 e 24.10.1893 (RAB, Livro 99, nn. 43 e 45).
8. Veja, por exemplo, Windham a Rosebery, 1º e 3.10.1893 (PRO, FO, 13, 705). Em caso de anarquia, diziam as instruções dos representantes estrangeiros, seus nacionais deveriam reunir-se no largo do Paço (atual Praça 15), onde seriam protegidos pela esquadra estrangeira e, se necessário, transferidos para os navios.
9. O texto mais conhecido de Le Bon, *La Psychologie des Foules*, foi publicado pela primeira vez em 1895.
10. *Obras*. v. IX, p. 527. Crônica no *Jornal do Commercio* de 7.3.1892.
11. *Obras*. v. IX, pp. 399-400. Crônica no *Jornal do Commercio* de 12.10.1891.
12. *Obras*. v. V, p. 328.
13. Os dados da tabela 3 foram organizados pelos responsáveis pelo censo. Como não há maiores explicações sobre os critérios de classificação adotados em cada caso, é preciso tomá-los com certa cautela, apenas como um indicador aproximado da estrutura ocupacional de cada cidade. Nada é dito, por exemplo, sobre o que foi feito das categorias "profissões desconhecidas" e "profissões mal definidas" do censo carioca de 1906. Os dados de 1887 para Buenos Aires foram tirados de Hilda Sábato, "La Formación del Mercado de Trabajo en Buenos Aires, 1850--1880" (*Desarollo Económico, 24* (96): 564, ene./mar. 1985).

14. "Pode-se dizer que no Rio de Janeiro nove décimos dos cocheiros e dos carroceiros são portugueses." Garcia da Rosa a Hintze Ribeiro, 5.12.1890 (RAB, Cx. 223, Série A, n. 95). Segundo outra fonte, carroceiros, cocheiros e catraieiros provinham de imigrantes fugidos das colônias, de desertores de navios mercantes e da Marinha brasileira para a qual eram ilegalmente recrutados, e da imigração agenciada. Faziam o trabalho pesado que em Lisboa era feito pelos galegos, e eram em geral conhecidos no Rio por esse epíteto. Sua origem pode explicar em parte a agressividade do grupo e a violência de suas manifestações. Veja relatório do segundo-secretário da legação portuguesa, Antônio da Franca, apresentado a Paço d'Arcos e enviado por este a Hintze Ribeiro em 26.8.1893 (RAB, Série A, n. 56). Sobre a imigração portuguesa para o Brasil e a integração dos portugueses na sociedade brasileira, veja Ann Marie Pescatello, "Both Ends of the Journey: An Historical Study of Migration and Change in Brazil and Portugal, 1889-1914" (Tese de Doutorado. Universidade da Califórnia, Los Angeles, 1970).

15. BRAZIL, Major José D'Assis. *O atentado de 5 de novembro de 1897 contra o presidente da República. Causas e efeitos*. São Paulo: Casa Vanorden, 1909. p. 94.

16. Veja o relatório de Antônio da Franca mencionado na nota 14.

17. As queixas começam na Revolta do Vintém, de que participaram portugueses, e vão até a Revolta da Vacina, quando muitos portugueses morreram ou foram presos. Sobre Antônio da Costa Borlido, disse o representante português: "É proprietário da maior parte das carroças do Rio de Janeiro e por isso tem sob as suas ordens um enorme pessoal quase todo composto de portugueses". Lampreia a Arroyo, 26.3.1901 (RAB, Cx. 226, n. 2). Borlido envolveu-se novamente em complicações políticas em 1901 e foi expulso para a Itália. Lampreia queixa-se de não conseguir convencer os portugueses a não se meterem em política.

18. O mesmo segundo-secretário citado acima, Antônio da Franca, discute longamente o problema da naturalização em relatório escrito em 17.12.1893. Para ele, a grande naturalização fora o mais sério golpe contra os interesses da colônia portuguesa. Denuncia que muitos portugueses aceitavam inocentemente certos cargos ou praticavam atos sem saber que, assim, renunciavam implicitamente à cidadania portuguesa. Alguns atos tinham toda a aparência de inofensivos, como concorrer para o custeio de bandas de música dos regimentos como alternativa ao serviço militar. Veja Garcia a Hintze, 17.12.1893 (RAB, Cx. 552, Série A, n. 68).

19. Um caso exemplar é o de W. Hancox, que vira rescindido seu contrato para drenagem de águas pluviais no Rio. Como tinha comprado material além dos limites previstos e por preços exagerados, esperando a extensão do contrato, pediu indenização. Seu pedido foi negado pelo Conselho de Estado em 1888. Continuou a pressionar através dos representantes ingleses. A certa altura, o próprio representante se convenceu de que suas reclamações não tinham base legal (Wind-

ham a Sanderson, 1º.6.1889). Hancox morreu, mas seu cunhado Haggard, que fora cônsul no Rio, continuou a briga, apelando até para os Rothschild. O caso só terminou em abril de 1892, em plena República, quando o governo concordou em pagar 300 contos em ouro à viúva.

20. Veja relatório de Antônio da Franca, de 17.8.1893. A informação lhe fora dada pelo ministro italiano, Tugini. Franca se pergunta, com razão, se não haveria exagero nos números do italiano.

21. Em 19 de janeiro de 1895, por exemplo, houve um conflito entre operários do Arsenal da Marinha e carregadores portugueses, resultando do choque vários feridos e dois ou três mortos.

22. O censo não fornece diretamente o número de alfabetizados com mais de 21 anos. Para o cálculo deste dado projetamos para os maiores de 21 anos a taxa de alfabetização para os homens de mais de sete anos, que era de 68,2%. O número das praças de pré foi conseguido tomando-se 80% dos militares do Exército, da Armada e da força policial. O resultado obtido não deve estar longe da realidade.

23. *Annaes da Câmara dos Deputados,* 1891. v. II, p. 142.

24. Para anos que não 1890, supomos um crescimento do eleitorado potencial proporcional ao crescimento projetado da população total.

25. MINISTÉRIO da Agricultura, Indústria e Commercio, Directoria do Serviço de Estatística. *Estatística eleitoral da República dos Estados Unidos do Brazil.* Rio de Janeiro: Typografia do Ministério da Agricultura, Indústria e Commercio, 1914. pp. 244-5.

26. Sobre Nova York, veja David C. Hammack, *Power and Society. Greater New York at the Turn of the Century* (Nova York: Russel Sage Foundation, 1982). Sintomaticamente, os índices de participação eleitoral de Lisboa estavam muito mais próximos, dos do Rio que dos de Nova York. Em 1900, por exemplo, votaram apenas 2,84% da população da cidade. Os eleitores eram 6,9% dessa população.

27. A participação eleitoral no Rio de Janeiro só começou a aumentar na década de 1920 e acelerou-se após 1930, especialmente durante o governo de Pedro Ernesto, que iniciou a política populista no Brasil. Em 1919 votaram ainda apenas 21 mil pessoas. Em 1930, os votantes já tinham subido para 64 mil, atingindo 110 mil em 1934. Houve um dramático aumento de 424% entre 1919 e 1934. Sobre isso, veja Michael L. Conniff, *Urban Politics in Brazil. The Rise of Populism, 1925-1945* (Pittsburgh: University of Pittsburgh Press, 1981), caps. 4 e 6, pp. 73 e 102.

28. Veja AGCRJ, *Livro de actas da qualificação eleitoral da Parochia de São Cristóvão,* 1890 (65-4-8). Comerciantes e capitalistas eram 23% dos alistados, artistas e operários, 21%.

29. Carta de Silva Jardim a Rui Barbosa, em 31.1.1890. FCRB, Pasta Silva Jardim.

30. BARÃO DE PARANAPIACABA. "Eleições". In: *A década republicana*. Rio de Janeiro: Cia. Typ. do Brazil, 1899-1900. v. 3, pp. 256-9.

31. BARRETO, Lima. *Os Bruzundangas*. p. 113. O livro foi escrito em 1917.

32. Os *Bruzundangas*, p. 114; *Numa e a Ninfa* (São Paulo, Brasiliense, 1956), pp. 145-7. *Numa e a ninfa* foi publicado pela primeira vez em folhetins, em 1915. Não é difícil arrolar casos de violência nas eleições do Rio de Janeiro. Em 18 de fevereiro de 1903, por exemplo, houve derramamento de sangue por ocasião de eleições federais. Nas eleições municipais de 20 de setembro do mesmo ano, o eleitorado, assustado, quase não compareceu. Em muitas seções não houve eleição. Mesmo assim, alguns mesários foram feridos a tiros. O candidato Irineu Machado era visto dirigindo seus seguidores e trocando-lhes os títulos após cada voto para que pudessem votar novamente. Como era de esperar, foi o mais votado, com 1829 votos. Veja *Correio da Manhã*, 21.9.1903, p. 2. A violência eleitoral não foi, bem entendido, invenção republicana. Sobre eleições no Rio durante o Império, antes da reforma do voto direto, há um testemunho vívido do representante francês. Segundo Amelot, as eleições eram resolvidas a porrete, a faca e a revólver. Os capoeiras eram agentes eleitorais muito úteis: "Votavam um número indefinido de vezes, impediam de votar os adversários de seu chefe, em caso de reclamações ou de resistência, recorriam à *ultima ratio*, certos da impunidade garantida pelos chefes políticos influentes". Amelot a Flourens, 10.12.1887 (MAE, Correspondance Politique, Brésil, n. 52).

33. *Numa e a ninfa*, p. 59.

34. Veja José Vieira, *A cadeia velha — Memórias da Câmara dos Deputados* (Brasília: Senado Federal/FCRB, 1980), pp. 159-63. Pinto de Andrade causou a interrupção da sessão da Câmara em 24.7.1909, tal a confusão que provocou nas galerias defendendo a candidatura Hermes. Em certo momento chegou a puxar um revólver.

35. *Careta*, 17.4.1915, p. 1.

36. Sobre as tentativas de organizar partidos operários no início da República, veja o estudo de José Augusto Valladares Pádua, já citado. Sobre partidos políticos em geral, veja Marcos Veneu, "Enferrujando o sonho: Agremiações políticas eleitorais no Distrito Federal, 1889-1895" (FCRB, mimeo, 1984). Sobre os jacobinos, veja Wilma Peres Costa, "Notas sobre o jacobinismo brasileiro" (trabalho apresentado no Seminário Rio Republicano, organizado pela FCRB, Rio de Janeiro, out. 1984), e o trabalho de June Hahner, "Jacobinos versus Galegos", também já citado.

4. CIDADÃOS ATIVOS: A REVOLTA DA VACINA (PP. 87-131)

1. A revolta tem despertado recentemente a atenção de vários pesquisadores. Cabe mencionar, em primeiro lugar, o livro de Nicolau Sevcenko, *A Revolta da Vacina. Mentes insanas em corpos rebeldes* (São Paulo: Brasiliense, 1984). O autor não faz uso extenso das fontes, mas revela fina sensibilidade analítica e adota uma abordagem que diverge um pouco da nossa. A revolta foi abordada também na Tese de Mestrado de Jaime Larry Benchimol, "Pereira Passos — Um Haussmann tropical; As transformações urbanas na cidade do Rio de Janeiro no início do século xx" (Universidade Federal do Rio de Janeiro, 1982). Outro texto recente é o de Jeffrey D. Needel, "Popular Response to Reform: the so-called Revolta contra Vacina of 1904" (Trabalho apresentado no XII Congresso Internacional da LASA, Albuquerque, 1985). Entre os livros mais antigos que tratam do assunto, podemos citar os de Afonso Arinos de Melo Franco, *Rodrigues Alves — Apogeu e declínio do presidencialismo* (Rio de Janeiro: José Olympio, 1973); Sertório de Castro, *A República que a revolução destruiu* (Rio de Janeiro: Freitas Bastos, 1932); Raymundo A. de Athayde, *Pereira Passos, o reformador do Rio de Janeiro. Biografia e história* (Rio de Janeiro: Ed. A Noite, s.d.); Edgar Carone, *A República Velha (evolução política)* (São Paulo: Difel, 1971), e Boris Fausto, *Trabalho urbano e conflito social* (São Paulo: Difel, 1977). Na literatura, há um romance com valor documentário, o de José Vieira, *O Bota-Abaixo. Chronica de 1904* (Rio de Janeiro: Selma Editora, 1934). Outra versão romanceada da revolta pode ser encontrada em Joel Rufino dos Santos, *Quatro dias de rebelião* (Rio de Janeiro: José Olympio, 1981).

2. Os estudos sobre a ação coletiva de multidões têm longa tradição. Foram renovados recentemente a partir dos trabalhos de George Rudé, especialmente *The Crowd in History, 1730-1848* (Londres: Lawrence and Wishart, 1981), cuja primeira edição é de 1964, e *Ideology and Popular Protest* (Londres: Lawrence and Wishart, 1980). Neste último texto, o autor enriquece a análise incorporando críticas feitas ao primeiro.

3. A melhor descrição do governo Rodrigues Alves ainda é a de Afonso Arinos, no livro acima citado. As reformas do Rio têm também merecido interesse crescente dos estudiosos. O trabalho de Jaime Benchimol, também citado acima, é dos mais recentes e completos. Veja-se, também, a respeito, Oswaldo Porto Rocha, "A era das demolições. Cidade do Rio de Janeiro: 1870-1920" (Tese de Mestrado. Universidade Federal Fluminense, 1983) e Sérgio Pechman e Lilian Fritsch, "A reforma urbana e seu avesso: Algumas considerações a propósito da modernização do Distrito Federal na virada do século" (*Revista Brasileira de História*, 5 (8/9): 139-95, set. 1984/abr. 1985). Sobre a reforma do porto, veja Sérgio Lamarão,

"Dos trapiches ao porto: Uma contribuição ao estudo da produção da área portuária do Rio de Janeiro" (Tese de Mestrado. Univ. Fed. do Rio de Janeiro, 1984). A reforma sanitária é tratada por Nilson do Rosário Costa em "Estado e políticas de saúde pública (1889-1930)" (Tese de Mestrado. Iuperj, 1983) e por Angela de Araújo Porto, "Artimanhas de Esculápio: Crença ou ciência no saber médico" (Tese de Mestrado. Universidade Federal Fluminense, 1985).

4. Veja Aníbal Villanova Villela e Wilson Suzigan, *Política do governo e crescimento da economia brasileira, 1889-1945* (Rio de Janeiro: IPEA/INPES, 1975), especialmente pp. 16-24. As ideias de Joaquim Murtinho estão em Nícia Villela Luz, *Ideias econômicas de Joaquim Murtinho* (Brasília: Senado Federal/Fundação Casa de Rui Barbosa, 1980). As críticas são de Vieira Souto e estão incluídas no livro de Nícia Villela Luz, p. 502.

5. VILLELA & SUZIGAN. *Política do governo*. pp. 81-4, 109-15.

6. Sobre a situação das obras em novembro, veja Alfredo Lisboa, "A Avenida Central" (*Kosmos*, Anno I, 11, nov. 1904), e, do mesmo autor, "Obras do porto do Rio de Janeiro" (*Kosmos*, Anno I, 2, fev. 1904). Consulte-se também a obra de Sérgio Lamarão citada acima.

7. Reproduzido em Edgard Carone, *Movimento operário no Brasil (1877--1944)* (São Paulo: Difel, 1979), pp. 33-7.

8. Veja Afonso Arinos, *Rodrigues Alves*, p. 382, e Jaime Benchimol, *Pereira Passos*, p. 614.

9. BENCHIMOL, Jaime. *Pereira Passos*. pp. 573-90.

10. Não há estudo mais detido sobre as tentativas de implantação da vacina obrigatória e sobre as razões do fracasso da ação do governo. Breve resumo da legislação pode ser encontrado no relatório do chefe de polícia do Rio de Janeiro, incluído no *Relatório do ministro da Justiça e Negócios Interiores*, J. J. Seabra, de março de 1905 (Rio de Janeiro: Imprensa Nacional, 1905), pp. 28-33. Para outra fonte, veja nota 55. A experiência inicial de Edward Jenner com a linfa animal foi descrita por ele próprio em *An Inquiry into the Causes and Effects of the Variolae Vaccinae* (Londres: S. Low, 1798). A primeira vacinação foi feita em 14 de maio de 1796. A França introduzira a obrigatoriedade da vacina em 1903.

11. Sobre os líderes positivistas da oposição, veja Robert G. Nachman, "Positivism and Revolution in Brazil's First Republic: the 1904 Revolt" (*The Americas*, XXXIV (1): 20-39, July 1977). Salientaram-se ainda no combate à vacina os congressistas e médicos Barata Ribeiro e Brício Filho. Este último mantinha no *Correio da Manhã* uma coluna com o título "Contra a vacina".

12. Esta é apenas uma pequena amostra do rol de doenças listadas pelo médico positivista Joaquim Bagueira Leal. A posição dos positivistas em relação à vacina foi discutida por Angela Porto em "Artimanhas de Esculápio", cap. III, em que nos baseamos. Veja a citação de Bagueira Leal às pp. 109-10.

13. *O Paiz*, 11.11.1904, p. 1.

14. *A Notícia*, 11 e 12.11.1904. No dia 11, o jornal entrevistou os drs. Luiz da Cunha Feijó Filho e Miguel Couto. No dia 12, os drs. Malaquias Gonçalves, Rodrigues Lima, deputado pela Bahia, João Carlos Teixeira Brandão, deputado pelo Rio de Janeiro. Rodrigues Lima teve uma tirada humorística ao apontar a impossibilidade de se exigir a vacina para os eleitores da capital federal: muitos deles eram defuntos...

15. Para a descrição dos acontecimentos, utilizamo-nos principalmente dos jornais *O Paiz*, que apoiava o governo e sua política vacinista, o *Correio da Manhã*, o principal órgão de oposição, profundamente envolvido na conspiração militar, e o *Jornal do Commercio*, contra a conspiração mas também crítico da obrigatoriedade. Subsidiariamente, foram usados também o *Jornal do Brasil*, *A Notícia* e a *Tribuna*.

16. *Correio da Manhã*, 6.11.1904, p. 1.

17. *Jornal do Commercio*, 15.11.1904, p. 1.

18. No relatório do chefe de polícia, já mencionado, o máximo rigor significava "sufocar a revolta à metralha" (p. 16).

19. Para o depoimento de uma testemunha da rendição, veja marechal Estêvão Leitão de Carvalho, *Memórias de um soldado legalista* (Rio de Janeiro: Imprensa do Exército, 1961), t. I, Livros 1 e 2, pp. 39-58. Leitão era na época aluno da Escola Militar e não aderiu à revolta. A ausência de qualquer resistência por parte do comandante e de seus auxiliares lhe causou "dolorosa impressão". A atitude do ministro da Guerra também lhe sugeriu irresolução ou cumplicidade (p. 47).

20. Vejam-se as anotações do próprio Rodrigues Alves, reproduzidas no livro de Afonso Arinos, pp. 406-14.

21. Porto Artur: a denominação, entre bombástica e jocosa, se devia ao episódio da resistência dessa fortaleza na recente guerra russo-japonesa.

22. O *Jornal do Commercio* e *A Notícia*, ambos do dia 17 de novembro, dão versões ligeiramente distintas da prisão de Prata Preta. Ambos, no entanto, salientam a bravura indômita do crioulo. No navio *Itaipava*, em que foi deportado com outras 334 pessoas, Prata Preta assumiu a liderança dos presos, surrando-os com um pedaço de cabo, segundo *A Notícia*, 27 e 28.12.1904.

23. *A Notícia*, 17.11.1904. Segundo esse jornal, dia 18.11, foram presos vários outros conhecidos desordeiros da Saúde, como Rato Branco, Truvisco, Machadinho, Almeidinha.

24. As fontes de que dispomos não permitem esclarecer a posição dos estivadores. *A Notícia* do dia 12 menciona ameaça de greve no cais da Saúde. No dia 18, diz ter terminado a greve que se manifestara há quatro dias. Pelas informações do *Jornal do Commercio* e de *O Paiz*, deduz-se que não houve greve mas apenas pa-

ralisação por falta de garantias. A questão permanece em aberto. A referência do líder dos estivadores aos portos de Buenos Aires e Montevidéu não é gratuita. Em outubro de 1904 fora discutido um acordo entre os estivadores do Rio e de Buenos Aires para ação conjunta que abrangesse também o porto de Montevidéu.

25. A prática de deportação, que era de uso generalizado também na Europa, mas que no Brasil era feita sem nenhum processo, foi iniciada no final do Império com o envio de capoeiras para o Mato Grosso. Intensificou-se com a República. O chefe de polícia do governo provisório, Sampaio Ferraz, prendeu e desterrou para Fernando de Noronha, sem processo, uns seiscentos capoeiras. Muitos dos participantes da Revolta dos Marinheiros de 1910 foram mandados para o Amazonas.

26. O *Jornal do Commercio* adotou posição mais neutra na classificação dos revoltosos. Na Saúde, haveria mistura de desordeiros com marítimos, formando a "multidão sinistra" que tanto impressionou o repórter. Os que foram presos no final, entretanto, seriam desordeiros, gatunos, vagabundos, arruaceiros.

27. José Maria dos Santos, crítico do governo e da República, segue a mesma linha em *A política geral do Brasil* (São Paulo: J. Magalhães, 1930), pp. 409-29. Essa linha liberal de interpretação tem seu primeiro representante em J. Michelet, *La Révolution Française* (Paris, 1868-1900).

28. A vertente conservadora tem em Edmund Burke, *Reflections on the Revolution in France*, publicado pela primeira vez em 1790, o mais conhecido representante.

29. Veja a parte do relatório de Cardoso de Castro incluída no *Relatório do ministro da Justiça* de março de 1905, p. 16; e seu próprio *Relatório*, pp. 4-5.

30. Para a posição de Rui Barbosa, veja *Documentos parlamentares. Estado de sítio. Acontecimentos de 14 de novembro de 1904. Revolta dos Marinheiros de 1910* (Paris e Bruxelas: L'Edition d'Art, 1913), v. IV, 15-29. Para a de Olavo Bilac, *Kosmos*, Anno I, 11: 2, nov. 1904. Seguem mais ou menos a mesma linha de interpretação Afonso Arinos, em seu livro já citado, José Maria Bello, *História da República* (São Paulo: Editora Nacional, 1972), pp. 172-84, e José Vieira, em *O Bota-Abaixo*, pp. 169-72.

31. JUSTIÇA Federal. *Processo crime motivado pelos acontecimentos ocorridos na Capital Federal, a 14 e 15 de novembro de 1904. Razões de defesa e recurso apresentados pelo Dr. Vicente de Souza, acusado pelo crime de conspiração*. Rio de Janeiro: Typ. do "Jornal do Commercio", 1905.

32. *Relatório* apresentado ao ministro, p. 6.

33. Não estão incluídos nas tabelas 6 e 7 os mortos e feridos militares e os da Guarda Civil. O número de feridos constante nas tabelas deve estar subestimado, pois baseia-se nas listas publicadas pelos jornais que as tiravam dos hospitais. Houve certamente feridos que não foram tratados em hospitais. A lista de

mortos não deve estar longe da verdadeira. Alguns dos mortos não participaram da revolta, foram vítimas acidentais.

34. A ampla presença de portugueses entre os presos é confirmada pelo embaixador de Portugal. Segundo ele, 160 teriam sido soltos e quatro teriam sido mandados para o Acre. Lampreia a Vilaça, RAB, 26.12.1904.

35. *Correio da Manhã*, 12.11.1904, p. 1.

36. Veja *Correio da Manhã*, de 10.8 a 20.9.1903.

37. Em outubro de 1904, o Centro das Classes Operárias tentou mediar sem êxito uma greve de canteiros em pedreira da praia da Saudade. No final, trezentos trabalhadores depredaram as oficinas em meio a tiroteio que deixou cinco feridos (*O Congresso*, n. 40, 13.10.1906).

38. O noticiário da greve foi tirado do *Correio da Manhã*. O boletim está na edição de 22.8, p. 2.

39. Sobre a organização e tendências do anarquismo no Rio de Janeiro, veja Oscar Farinha Neto, "Atuação libertária no Brasil: A Federação Anarcossindicalista" (Tese de Mestrado. Iuperj, 1985), cap. IV.

40. A lista de entidades convidadas pelo Centro das Classes Operárias está no *Correio da Manhã*, 8.9.1905, p. 2. No *Relatório ao Segundo Congresso Operário de 1913*, documento de inspiração anarquista, há velada crítica a Vicente de Souza e ao Centro das Classes Operárias, como "obedecendo a orientação política". Veja *Estudos Sociais*, 18: 195, nov. 1963. A mesma crítica pode ser vista em *A Voz do Trabalhador*, órgão da Confederação Operária Brasileira, n. 44, 1.12.1913, p. 3, onde a tentativa de envolver operários na luta eleitoral de 1910 é comparada ao que aconteceu em 1904.

41. As listas apresentadas à Câmara a 1º de setembro (*Anais*, 1904. v. v., pp. 13-70) dão indicação de ocupação para 4130 pessoas, quase todas operários. Entre estes, segundo cálculo de Pedro Paulo Soares, 1859, ou seja, 43%, eram artistas, o que indica grande envolvimento pelo menos na campanha inicial.

42. Sobre as revoltas de Paris, veja David H. Pinkney, "The Crowd in the French Revolution of 1830" (*American Historical Review, LXX*, 1: 1-17, Oct. 1964); do mesmo autor, "The Revolutionary Crowd in Paris in the 1830's" (*Journal of Social History*, 5 (4): 512-20, Summer 1972); Charles Tilly et Lynn Lees, "Le Peuple de Juin 1848" (*Annales ESC*, 5: 1061-91, sept.-oct. 1974); J. Rougerie, "Composition d'une population insurgée. L'éxemple de la Commune" (*Le Mouvement Social*, 48: 31-07, jul.-sept. 1964); Martin R. Waldman, "The Revolutionary as Criminal in 19th. Century France: A Study of the Communards and Déportés" (*Science and Society, XXXVII* (1): 31-55, Spring 1973).

43. O trabalho mais elaborado sobre a Revolta do Vintém é o de Sandra Lauderdale Graham, "The Vintem Riot and Political Culture: Rio de Janeiro, 1880" (*Hispanic American Historical Review*, 60 (3): 431-49, Aug. 1980).

44. Veja o relatório do chefe de polícia incluído no *Relatório do ministro da Justiça*, 1900, pp. 15-20. A visão dos monarquistas está em Antônio Ferreira Vianna, *A conspiração policial* (Rio de Janeiro: Typ do Jornal do Commercio, 1900).

45. Veja *O Paiz*, 17.11.1904, p. 1.

46. Veja José Maria dos Santos, *A política geral do Brasil*, p. 414.

47. O relatório de 1905 da comissão nomeada pelo governo para estudar o problema da habitação popular diz que o trabalho no Rio era abundante, a prova sendo o preço elevado da mão de obra. Veja Everardo Backheuser, *Habitações populares* (Rio de Janeiro: Imprensa Nacional, 1905), p. 107. O jornal *O Congresso*, dos pedreiros, menciona grande abundância de trabalho para a categoria a partir de 1904. Tal fato teria gerado queda de qualidade pela afluência de trabalhadores menos qualificados. Menciona uns 1500 canteiros no Rio (*O Congresso*. Anno II, n. 53, 13.4.1907, p. 1).

48. *O Libertário*; Anno I, n. 1, 9.10.1904.

49. BENCHIMOL, Jaime. *Pereira Passos*, p. 510.

50. FALCÃO, Edgard. "A incompreensão de uma época — Oswaldo Cruz e a caricatura" (v. I). In: *Osvaldo Cruz Monumenta Historica*. São Paulo: s. ed. 1978). Dificilmente se encontraria outro tema na Primeira República que fizesse tanto as delícias dos humoristas como o das campanhas de Oswaldo Cruz.

51. VIEIRA, José. *O Bota-Abaixo*, p. 169.

52. *Annaes da Câmara dos Deputados*. 1904. v. V, p. 662.

53. *O Paiz*, 17.11.1904, e José Vieira, *O Bota-Abaixo*, p. 173. A qualidade de cronista de José Vieira é confirmada em seu livro *A cadeia velha*, já citado.

54. Veja *Documentos parlamentares. Estado de sítio*, p. 31.

55. O efeito negativo não se limitou a 1904. Nesse ano houve ao todo 66 537 vacinações e revacinações; no ano seguinte, apenas 2859; em 1906, 4463; em 1907, 4574. Veja Diretoria Geral de Saúde Pública, *Os serviços de saúde pública no Brasil, de 1808 a 1907* (Rio de Janeiro: Imprensa Nacional, 1909), p. 446.

56. Note-se o cuidado e a racionalidade com que os alvos foram escolhidos. Não houve nada na revolta que lembrasse a multidão primitiva, irracional e volúvel imaginada por Gustave Le Bon.

57. Veja Delso Renault, *O dia a dia no Rio de Janeiro segundo os jornais, 1870-1889* (Rio de Janeiro: Civilização Brasileira/INL, 1982), p. 163.

58. Veja relatório do chefe de polícia, incluído no *Relatório do ministro da Justiça*, de março de 1904, pp. 15-22.

59. Sobre o número de greves, veja Eulália Maria Lahmeyer Lobo e Eduardo Navarro Stoltz, "Flutuações cíclicas da economia, condições de vida e movimento operário — 1880-1930" (*Revista do Rio de Janeiro*, 1 (1): 86, set.-dez. 1985). Em janeiro de 1904 houve greve de carroceiros e cocheiros contra taxa criada pela prefeitura. Houve bondes e carroças viradas, luzes apagadas, barricadas, tiros.

60. Veja George Rudé, *The Crowd in History*, em especial pp. 237-58.

61. Além de Rudé, veja especialmente E. P. Thompson, "The Moral Economy of the English Crowd in the Eighteenth Century" (*Past and Present*, 50: 76-136, Feb. 1971). Maior ênfase ainda em elementos valorativos e simbólicos é dada por Natalie Zemon Davis. Veja, por exemplo, "The Rites of Violence: Religious Riot in Sixteenth-Century France" (*Past and Present*, 59: 51-91, May 1973).

62. *Emancipação*, Anno II, n. 1, 21.3.1905, p. 6.

63. George Rudé, *Ideology and Popular Protest*, pp. 27-38.

64. Agentes do governo já antes da aprovação da lei distribuíam avisos intimando os operários a se vacinarem sob pena de perderem o emprego (*Anais da Câmara*, 1904. v. V, p. 16).

65. ANNAES, 1904. v. VI, p. 86; v. IV, p. 608. Ênfase no original.

66. ANNAES. v. V, p. 16.

67. O repórter de *A Tribuna* ouviu de populares as mais variadas razões para explicar a revolta. Mas o tom geral era sempre o mesmo: reação contra abusos do governo (*A Tribuna*, 18.11.1904).

68. *A Tribuna*, 18.11.1904.

5. BESTIALIZADOS OU BILONTRAS? (PP. 132-50)

1. Veja *Novo Rumo*, 5.2.1906, p. 2. Veja também as edições dos dias 20.1 e 5.3 do mesmo ano, em que se criticam os operários por seu interesse no carnaval. A edição de 5.2 traz ainda impiedosa crítica de um anarquista estrangeiro ao operariado da capital. Victor Bejar, o autor da crítica, afirma: "No Rio de Janeiro não existe a luta de classes", tão fraco e inoperante lhe parece o movimento operário. As sedes das organizações não são frequentadas, não há bibliotecas. E conclui ironicamente: "O Rio deveria chamar-se o *Paraíso dos Operários*" (grifo no original).

2. Veja Thomas Ewbank, *Life in Brazil, or A Journal of a Visit to the Land of the Cocoa and the Palm* (Nova York: Harper and Brothers Publ., 1856). O livro todo demonstra a fascinação do autor com o fenômeno religioso no Rio, fascinação que se torna mais curiosa pela aversão do protestante à maneira fluminense de praticar a religião.

3. Veja documentação sobre a festa, guardada no Arquivo Nacional (AN Cx 6 C 35). Veja também as descrições feitas nas crônicas de Raul Pompeia (*Obras*. v. VI, pp. 96-100, e v. IX, pp. 416-7). Veja ainda Melo Morais Filho, *Festas e tradições populares do Brasil* (Rio de Janeiro: Fauchon & Cia., s.d.), pp. 141-53.

4. Veja Roberto Moura, *Tia Ciata e a Pequena África no Rio de Janeiro*, pp. 71-5.

5. ALENCAR, José de. *Lucíola. Um perfil de mulher*. São Paulo: Melhoramentos, s.d. p. 10. POMPEIA, Raul. *Obras*. v. VI, p. 56, e v. VII, pp. 129-30. E MELLO MORAES Fº. *Festas e tradições*. pp. 209-18.

6. DENT, Hasting Charles. *A Year in Brazil*. Londres: Kegan Paul, Trench & Co., 1886. p. 239. O texto inglês é: "Everyone appears to have taken leave of their senses". A mesma impressão teve a educadora alemã Ina von Binzer em 1881. Chocada com as práticas carnavalescas no Rio, observa que os brasileiros ficam completamente fora de si. Veja *Os meus romanos. Alegrias e tristezas de uma educadora alemã no Brasil*. Rio de Janeiro: Paz e Terra, 1982. p. 70.

7. ASSISTÊNCIA *pública e privada no Rio de Janeiro (Brasil). História e estatística*. Rio de Janeiro, Typographia do "Anuário do Brasil", 1922. pp. 747-8. O trabalho foi encomendado a Ataulpho de Paiva, que procedeu a um levantamento extremamente cuidadoso.

8. Veja Michael L. Conniff, "Voluntary Associations in Rio, 1870-1945: A New Approach to Urban Social Dynamics" (*Journal of Interamerican Studies, 17* (1): 64-81, Feb. 1975). Victor Bejar, mencionado na primeira nota acima, indignava-se ao ver nas sedes das associações operárias estandartes copiados dos que as irmandades religiosas desfilavam nas procissões. (*Novo Rumo*, 5.2.1906.) O setor que mais êxito teve em organizar-se em termos modernos foi o empresarial, tanto do comércio como da indústria. Sobre a organização dos industriais, veja Ângela Maria de Castro Gomes, *Burguesia e trabalho — Política e legislação social no Brasil, 1917-1937* (Rio de Janeiro: Campus, 1979).

9. Veja Eduardo Silva, "As queixas do povo. Massas despolitizadas e consolidação da República". O autor compara as queixas do início do século com pesquisa de 1975 sobre demandas de moradores e chega à conclusão de que pouco mudou quanto ao conteúdo das reclamações nesse meio século.

10. Para uma revisão da literatura brasileira que relaciona cidade e política, veja José Murilo de Carvalho, "A cidade e a política: Um exame da literatura brasileira" (Trabalho apresentado nas Jornadas Argentino-Brasileiras de História Social Urbana. Buenos Aires, set. 1985). A literatura sobre o Rio de Janeiro foi comentada por Maria Alice Rezende de Carvalho em "Letras, sociedade e política: Imagens do Rio de Janeiro" (*Boletim de Informações Bibliográficas (BIB)*, n. 20, 1985. pp. 3-22).

11. Veja Max Weber, *The City* (Translated and edited by Don Martindale and Gertrud Neuwirth. Nova York: The Free Press, 1966). Para comentários atuais sobre a obra de Weber, veja *Figures de la Ville: Autour de Max Weber* (Sous la direction d'Alain Bourdin et Monique Hirschhorn. Paris: Aubier, 1985).

12. A imunidade ibérica à Reforma, às transformações científicas e às teorias individualistas é examinada em Bernice Hamilton, *Political Thought in the Sixteenth-Century Spain* (Oxford: Oxford University Press, 1963). A gênese do indi-

vidualismo como um produto tipicamente ocidental é discutida em Louis Dumont, *Essais sur l'Individualisme. Une Perspective Anthropologique sur l'Idéologie Moderne* (Paris: Seuil, 1983).

13. Veja Richard M. Morse, *El Espejo de Próspero. Un Estudio de la Dialéctica del Nuevo Mundo* (Cidade do México: Siglo Veintiuno Editores, 1982). A distinção de Dumont está nos seus *Essais*, especialmente no cap. 2. Para o caso brasileiro, Roberto da Matta introduz, com sentido semelhante, a distinção entre indivíduo e pessoa. Veja seu *Carnavais, malandros e heróis. Para uma sociologia do dilema brasileiro* (Rio de Janeiro: Zahar, 1979), especialmente pp. 139-93.

14. Veja Alberto Sales, "Balanço político – Necessidade de uma reforma constitucional" (*O Estado de S. Paulo*, 18 e 26.7.1905), e Sílvio Romero, *O Brasil social* (Vistas syntheticas obtidas pelos processos de Le Play) (Rio de Janeiro: Typ. do "Jornal do Commercio" de Rodrigues & C., 1907), especialmente pp. 38-43. A distinção utilizada por Sílvio Romero é exposta em Edmond Demolins, *A Quoi Tient la Supériorité des Anglo-Saxons* (Paris: Firmin-Didot et Cie., s.d.), p. 53.

15. Já em 1868 o jornal *Democracia*, editado em São Paulo, contrastava o Brasil e os Estados Unidos em termos da capacidade de iniciativa individual. Segundo o jornal (edição de 30.5.1868), no Brasil era subversivo falar em o povo associar-se para lutar contra a miséria, pois tal combate era atribuição do imperador: "Aqui o governo é pai; e até mais do que pai, se é possível sê-lo: é patriarca".

16. Veja Aníbal Falcão, *Fórmula da civilização brasileira* (Rio de Janeiro: Guanabara, s.d.), pp. 77-137.

17. Sobre as cidades na América Latina, veja Jorge Enrique Hardoy e Richard P. Schaedel, compiladores, *Las Ciudades de América Latina y sus Areas de Influencia através de la Historia* (Buenos Aires: Ediciones SIAP, 1975); Jorge E. Hardoy, *Las Ciudades en América Latina* (Buenos Aires: Paidos, 1972), e Richard Morse y Jorge Enrique Hardoy, compiladores, *Cultura Urbana Latinoamericana* (Buenos Aires: CLACSO, 1985).

18. Para uma breve história do Rio, veja Mary Karasch, "Rio de Janeiro: from Colonial Town to Imperial Capital (1808-1850)" (In: R. Ross and G. J. Telkamp, eds., *Colonial Cities: Essays on Urbanization in a Colonial Context*. Haia: 1984. pp. 123-51).

19. Citados em Richard M. Morse, "The City-Idea in Argentina. A Study in Evanescence" (*Journal of Urban History*, 2 (3): 307-29, May 1976). Os aspectos comercial e cultural do Rio ressaltam da discussão em torno da mudança da capital havida na Câmara dos Deputados em 1891. Os defensores da permanência do Rio como capital alegavam sua condição de centro cultural e de cérebro do Brasil. Os mudancistas acusavam a cidade de ser um cancro que corroía a riqueza do resto do país. Veja Congresso Nacional, *Anais da Câmara dos Deputados*, 1891. v. 2, pp. 177-8, 240-4.

20. Sobre Buenos Aires, veja a clássica obra organizada por José Luis Romero y Luis Alberto Romero, *Buenos Aires. Historia de Cuatro Siglos* (Buenos Aires: Editorial Abril S.A., 1983. 2 v.).

21. Amelot a Globert, Rio, 26.1.1889; e Haggard a Rosebery, Rio, 6.4.1886 (FO 13, 618). O contato de pessoas importantes com capoeiras nas áreas cinzentas da prostituição, do jogo e do crime é matéria do romance de Plácido de Abreu, *Os capoeiras* (Rio de Janeiro: Typ. da Escola Serafim José Alves, s.d.). Veja também Melo Morais Filho, *Festas e tradições*, pp. 401-13.

22. *O Paiz*, 6.5.1905.

23. Veja Manuel Antônio de Almeida, *Memórias de um sargento de milícias* (São Paulo: Livraria Martins Editora, 1955. p. 271). Artur Azevedo, *O Tribofe*, p. 53. *O Tribofe* foi reeditado em 1897 com o título de *A Capital Federal*, o que reflete a importância que lhe dava Artur Azevedo como retrato da cidade. De revista destinada a existência transitória passou a peça com pretensões a vida mais longa. O tema da malandragem no romance de Manuel Antônio de Almeida é discutido com ênfase na polarização entre ordem e desordem, antes que em sua contaminação mútua, por Antonio Candido em "A dialética da malandragem" (*Revista do Instituto de Estudos Brasileiros*, 8: 67-89, 1970). Na mesma linha de Antonio Candido está o trabalho de Maria Alice Rezende de Carvalho, "A construção do mundo do trabalho na sociedade brasileira" (Tese de Mestrado. Unicamp, 1983). Para um estudo da cidade através das revistas de Artur Azevedo, veja Flora Süssekind, *As revistas de ano e a invenção do Rio de Janeiro* (Rio de Janeiro: Nova Fronteira/FCRB, 1986).

24. Veja Angel Rama, *A cidade das letras* (São Paulo: Brasiliense, 1985). Já em 1936, Sérgio Buarque de Holanda anotava a diferença entre o rígido planejamento seguido pelos espanhóis na criação de cidades na América e o estilo mais solto, quase anárquico, dos portugueses. Veja *Raízes do Brasil* (Rio de Janeiro: José Olympio, 1936), cap. 4.

Bibliografia

JORNAIS, REVISTAS, ALMANAQUES

Almanaque Brasileiro Garnier
O Baluarte
Careta
O Congresso
Correio da Manhã
O Cruzeiro
Democracia
O Despertar
Echo Popular
Emancipação
Gazeta Operária
Jornal do Brasil
Jornal do Commercio
Kosmos
Kultur
O Libertário
O Marmorista
Não Matarás
A Nação
A Notícia

Novo Rumo
O Paiz
Revolução
O Socialista
O Soldado
Terra Livre
A Tribuna
Voz do Povo
A Voz do Trabalhador

DOCUMENTOS

ANNAES da Câmara dos Deputados. Rio de Janeiro: Imprensa Nacional, 1891.
ANNAES do Congresso Constituinte de 1891. Rio de Janeiro: Imprensa Nacional, 1926.
ANNAES da Câmara dos Deputados. Rio de Janeiro: Imprensa Nacional, 1904.
ASSISTÊNCIA Pública e Privada no Rio de Janeiro (Brasil). História e estatística. Rio de Janeiro: Typographia do "Anuário do Brasil", 1922.
BRASIL. Recenseamentos de 1890 e 1920.
BRASIL. *Recenseamento do Rio de Janeiro (Distrito Federal)* realizado em 20.11.1906. Rio de Janeiro: Oficina de Estatística, 1907.
CÂMARA DOS DEPUTADOS. *Relatório apresentado pelo deputado João Pernetta.* Rio de Janeiro: Imprensa Nacional, 1919.
CONFEDERAÇÃO OPERÁRIA BRASILEIRA (COB). *Desde o umbral do palácio Monroe*, folheto, 1912.
DIRETORIA GERAL DE SAÚDE PÚBLICA. *Os serviços de saúde pública no Brasil, de 1808 a 1907.* Rio de Janeiro: Imprensa Nacional, 1909.
DIRETORIA GERAL DE ESTATÍSTICA. *Annuário estatístico do Brasil (1908-1912).* Rio de Janeiro: Typ da Estatística, 1916. v. I e III.
DOCUMENTOS PARLAMENTARES. *Estado de sítio.* Acontecimentos de 14 de novembro de 1904. Revolta dos Marinheiros de 1910. Paris e Bruxelas: L'Edition d'Art, 1913.
MINISTÉRIO DA AGRICULTURA, INDÚSTRIA E COMMERCIO. Diretoria do Serviço de Estatística. *Estatística eleitoral da República dos Estados Unidos do Brazil.* Rio de Janeiro: Typ. do Ministério, 1914.
MINISTÉRIO DA JUSTIÇA E NEGÓCIOS INTERIORES. *Relatório dos ministros.* Anos de 1893, 1894, 1900, 1904 e 1905.
Processo crime motivado pelos acontecimentos ocorridos na capital federal, em

14 e 15 de novembro de 1904. Razões de defesa e recurso apresentados pelo dr. Vicente de Souza, acusado pelo crime de conspiração. Rio de Janeiro: Typ. do "Jornal do Commercio", 1905.

RELATÓRIO ao Segundo Congresso Operário de 1913. *Estudos Sociais, 18,* nov. 1963.

SECRETARIA DA POLÍCIA DA CAPITAL FEDERAL. *Matrícula geral dos presos da Casa de Detenção.*

LIVROS

ABREU, Plácido. *Os capoeiras.* Rio de Janeiro: Typ. da Escola de Serafim José Alves, s.d.

ALENCAR, José de. *Lucíola. Um perfil de mulher.* São Paulo: Melhoramentos, s.d.

ATHAYDE, Raymundo A. de. *Pereira Passos, o reformador do Rio de Janeiro.* Biografia e história. Rio de Janeiro: Ed. A Noite, s.d.

AZEVEDO, Aluísio. *Casa de pensão.* Goiânia: Liv. e Ed. Walfré Ltda., 1982.

_____. *O cortiço.* Goiânia: Liv. e Ed. Walfré Ltda., 1982.

AZEVEDO, Artur. *O Tribofe.* Revista fluminense do anno de 1891. Rio de Janeiro: H. Lombaerts & Cia. Editores, 1892.

_____. *A Capital Federal.* Rio de Janeiro: SNT-MEC, 1972.

BACKHEUSER, Everardo. *Habitações populares.* Rio de Janeiro: Imprensa Nacional, 1906.

BASBAUM, Leôncio. *História sincera da República, de 1889 a 1930.* 3ª ed. São Paulo: Fulgor, 1968.

BRITTO, Victor de. *O sufrágio proporcional e a democracia representativa.* Rio de Janeiro: Imprensa Nacional, 1914.

BUENO, José Antônio Pimenta. *Direito público brasileiro e análise da Constituição do Império.* Brasília: Senado Federal, 1978.

BARBOSA, Francisco de Assis. *A vida de Lima Barreto (1881-1922).* 6ª ed. Rio de Janeiro: José Olympio/INL-MEC, 1981.

BARRETO, Lima. *Numa e a ninfa.* São Paulo: Brasiliense, 1956.

_____. *Vida urbana. Artigos e crônicas.* São Paulo: Brasiliense, 1956.

_____. *Os Bruzundangas.* São Paulo: Brasiliense, 1956.

BELLO, José Maria. *História da República.* São Paulo: Cia. Editora Nacional, 1972.

BRAZIL, José de Assis. *O atentado de 5 de novembro de 1897 contra o presidente da República. Causas e efeitos.* São Paulo: Casa Venordem, 1909.

BROCA, Brito. *A vida literária no Brasil — 1900.* 3ª ed. Rio de Janeiro: José Olympio, 1975.

BURKE, Edmund. *Reflections on the Revolution in France*. Nova York: The Bobs--Merril, 1965.
CARONE, Edgard. *Movimento operário no Brasil (1877-1944)*. São Paulo: Difel, 1979.
_____. *A República Velha (evolução política)*. São Paulo: Difel, 1971.
CARVALHO, Estêvão Leitão de. *Memórias de um soldado legalista*. Rio de Janeiro: Imprensa do Exército, 1961.
CASTRO, Jeanne Berrance de. *A milícia cidadã: A Guarda Nacional de 1831 a 1850*. São Paulo: Cia. Editora Nacional, 1977.
CASTRO, Sertório de. *A República que a revolução destruiu*. Rio de Janeiro: Freitas Bastos, 1932.
CONNIFF, Michael L. *Urban Politics in Brazil. The Rise of Populism, 1925-1945*. Pittsburgh: University of Pittsburgh Press, 1981.
COOLEY, Charles H. *Social Organization*. Nova York: 1909.
COSER, Lewis A. *Masters of Sociological Thought*. Nova York: Harcourt Brace Jovanovich, Inc., 1971.
COUTY, Louis. *L'Esclavage au Brésil*. Paris: Librairie de Guillaumin et Cie. Editeurs, 1881.
DEANE, Herbert A. *The Political and Social Ideas of St. Augustine*. Nova York e Londres: Columbia University Press, 1963.
A DÉCADA republicana. Rio de Janeiro: Cia. Typ. do Brazil, 1899-1900.
DEMOLINS, Edmond. *A Quoi tient la Supériorité des Anglo-Saxons*. Paris: Firmin Didot et Cie., s.d.
DENT, Hastings Charles. *A Year in Brazil*. Londres: Kegan, Paul, Trench & Co., 1886.
DUMONT, Louis. *Essais sur l'Individualisme. Une Perspective Anthropologique sur l'Ideologie Moderne*. Paris: Seuil, 1983.
DURKHEIM, Emile. *De la Division du Travail Social*. Paris: Presses Universitaires de France, 1973.
EWBANK, Thomas. *Life in Brazil, or A Journal of a Visit to the Land of the Cocoa and the Palm*. Nova York: Harper and Brothers Publishers, 1856.
FALCÃO, Edgard de Cerqueira. "A incompreensão de uma época — Oswaldo Cruz e a caricatura". In: *Oswaldo Cruz Monumenta Historica*. São Paulo: s. ed., 1978. v. I.
FALCÃO, Aníbal. *Fórmula da civilização brasileira*. Rio de Janeiro: Guanabara, s.d.
FAUSTO, Boris. *Trabalho urbano e conflito social*. São Paulo: Difel, 1977.
FIGUEIREDO, Antônio dos Santos. *A evolução do Estado no Brasil*. Porto: Impr. Indústr. Gráf. do Porto Ltda., 1926.
FIGURES de la Ville: Autour de Max Weber, sous la direction d'Alain Bourdin et Monique Hirshhorn. Paris: Aubier, 1985.

FRANCO, Afonso Arinos de Melo. *Rodrigues Alves — Apogeu e declínio do presidencialismo*. Rio de Janeiro: José Olympio, 1973. 2 v.

HAMILTON, Bernice. *Political Thought in the Sixteenth-Century Spain*. Oxford: Oxford University Press, 1963.

HAMMACK, David C. *Power and Society. Greater New York at the Turn of the Century*. Nova York: Russel Sage Foundation, 1982.

HARDOY, Jorge E. *Las Ciudades en América Latina*. Buenos Aires: Paidos, 1972.

HARDOY, Jorge E. & SCHAEDEL, Richard P., comp. *Las Ciudades de América Latina y sus Areas de Influencia através de la Historia*. Buenos Aires: Ediciones SIAP, 1975.

HOLANDA, Sérgio Buarque de. *Raízes do Brasil*. Rio de Janeiro: José Olympio, 1936.

JARDIM, Antônio da Silva. *Propaganda republicana (1888-1889)*. Rio de Janeiro: Ministério da Educação e Cultura, Fundação Casa de Rui Barbosa, Conselho Federal de Cultura, 1978.

JENNER, Edward. *An Inquiry into the Causes and Effects of the Variolae Vaccinae*. Londres: S. Low, 1798.

LACERDA, Gustavo de. *O problema operário no Brasil* (Propaganda Socialista). Rio de Janeiro: s. ed., 1901.

LE BON, Gustave. *La Psychologie des Foules*. Paris: Félix Alcan, 1916.

LOBO, Eulália Maria Lahmeyer. *História do Rio de Janeiro: do capital comercial ao capital industrial e financeiro*. Rio de Janeiro: IBMEC, 1978. 2 v.

LUZ, Nícia Villela. *Ideias econômicas de Joaquim Murtinho*. Brasília: Senado Federal/Fundação Casa de Rui Barbosa, 1980.

MACHADO NETO, A.L. *Estrutura social da república das letras (Sociologia da vida intelectual brasileira, 1870-1930)*. São Paulo: Grijalbo, 1973.

MAGALHÃES JÚNIOR, R. *Deodoro, a espada contra o Império*. São Paulo: Cia. Editora Nacional, 1957. 2 v.

MARAM, Sheldon L. *Anarquistas, imigrantes e o movimento operário no Brasil, 1890-1920*. Rio de Janeiro: Paz e Terra, 1979.

MATTA, Roberto da. *Carnavais, malandros e heróis. Para uma sociologia do dilema brasileiro*. Rio de Janeiro: Zahar, 1979.

MICHELET, J. *Histoire de la Revolution Française*. Paris: 1847-1853. 7 v.

MOOG, Viana. *Bandeirantes e pioneiros. Paralelo entre duas Culturas*. 3ª ed. Rio de Janeiro: Globo, 1956.

MORAIS FILHO, Melo. *Festas e tradições populares do Brasil*. Rio de Janeiro: Fauchon & Cia., s.d.

MORSE, Richard M. *El Espejo de Próspero. Un Estudio de la Dialéctica del Nuevo Mundo*. Cidade do México: Siglo Veintiuno Editores, 1982.

MORSE, Richard & HARDOY, Jorge Enrique. comp. *Cultura Urbana Latinoamericana*. Buenos Aires: CLACSO, 1985.
MOURA, Roberto. *Tia Ciata e a Pequena África no Rio de Janeiro*. Rio de Janeiro: Funarte, 1983.
MOTA, Benjamin. *Rebeldias*. São Paulo: Tipografia Brasil de Carlos Gerke & Cia., 1898.
MUMFORD, Lewis. *The City in History, Its Origins, Its Transformations, Its Prospects*. Nova York: Harcourt Brace and World, Inc., 1961.
PIRENNE, Henri. *Medieval Cities*. Garden City: Doubleday Anchor Books, s.d.
POMPEIA, Raul. *Obras*. Org. Afrânio Coutinho. Rio de Janeiro: Civilização Brasileira/OLAC, 1981.
PESSOA, Reynaldo Carneiro. *A ideia republicana no Brasil através dos documentos*. São Paulo: Alfa-Omega, 1973.
QUEIROZ, Maurício Vinhas de. *Paixão e morte de Silva Jardim*. Rio de Janeiro: Civilização Brasileira, 1967.
RAMA, Angel. *A cidade das letras*. São Paulo: Brasiliense, 1985.
REIS, Vicente. *Os ladrões no Rio, 1898-1903*. Rio de Janeiro: Cia. Typ. do Brazil, 1903.
RENAULT, Delso. *O dia a dia no Rio de Janeiro segundo os jornais, 1870-1889*. Rio de Janeiro: Civilização Brasileira/INL, 1982.
RIO, João do. *A alma encantadora das ruas*. Rio de Janeiro: Organizações Simões, 1952.
ROBSON, J. M., ed. *Collected Works of John Stuart Mill*. Toronto: University of Toronto Press, 1977. v. XIX.
ROMERO, José Luis & ROMERO, Luis Alberto. *Buenos Aires, Historia de Cuatro Siglos*. Buenos Aires: Editorial Abril S.A., 1983. 2 v.
ROMERO, Sílvio. *O Brasil social* (Vistas syntheticas obtidas pelos processos de Le Play). Rio de Janeiro: Typ. do "Jornal do Commercio" de Rodrigues & C., 1907.
ROUSSEAU, Jean-Jacques. *Du Contrat Social*. Introduction, notes et commentaire par Maurice Halbwachs. Paris: Aubier Montaigne, 1967.
RUDÉ, George. *The Crowd in History, 1730-1848*. Londres: Lawrence and Wishart, 1980.
_____. *Ideology and Popular Protest*. Londres: Lawvrence and Wishart, 1980.
SALES, Alberto. *A pátria paulista*. Brasília: 1983.
SALES, Campos. *Da propaganda à presidência*. São Paulo: s. ed., 1908.
SANTOS, Afonso Carlos Marques dos, org. *O Rio de Janeiro de Lima Barreto*. Rio de Janeiro: Rioarte, 1983. 2 v.
SANTOS, Joel Rufino dos. *Quatro dias de rebelião*. Rio de Janeiro: José Olympio, 1981.

SANTOS, José Maria dos. *A política geral do Brasil*. São Paulo: J. Magalhães, 1930.
SEVCENKO, Nicolau. *Literatura como missão — Tensões sociais e criação cultural na Primeira República*. São Paulo: Brasiliense, 1983.
_____. *A Revolta da Vacina. Mentes insanas em corpos rebeldes*. São Paulo: Brasiliense, 1984.
SOCIALISMO Brasileiro. Sel. e introd de Evaristo de Moraes Filho. Brasília: Câmara dos Deputados/UnB, s.d.
SODRÉ, Lauro. *Crenças e opiniões*. Belém: Typ. do "Diário Oficial", 1896.
SUSSEKIND, Flora. *As revistas de ano e a invenção do Rio de Janeiro*. Rio de Janeiro: Nova Fronteira/FCRB, 1986.
TAUNAY, Visconde de. *O Encilhamento*. Belo Horizonte: Itatiaia, 1971.
THOMPSON, E. P. *The Making of the English Working Class*. Nova York: Vintage Books, 1966.
TÖNNIES, Ferdinand. *Community and Society*. Nova York: Harper and Row Publishers, 1963.
VIANNA, Antonio Ferreira. *A conspiração policial*. Rio de Janeiro: Typ. do "Jornal do Commercio", 1900.
VIEIRA, José. *O Bota-Abaixo. Chronica de 1904*. Rio de Janeiro: Selma Editora, s.d.
_____. *A cadeia velha, Memórias da Câmara dos Deputados*, 1909. Brasília: Senado Federal, FCRB, 1980.
VILLELA, Annibal Villanova & SUZIGAN, Wilson. *Política do governo e crescimento da economia brasileira, 1889-1945*. Rio de Janeiro: IPEA/INPES, 1975.
VITA, Luís Washington. *Alberto Sales, ideólogo da República*. São Paulo: Cia. Editora Nacional, 1965.
VON BINZER, Ina. *Os meus romanos. Alegrias e tristezas de uma educadora alemã no Brasil*. Rio de Janeiro: Paz e Terra, 1982.
WEBER, Max. *The City*. Translated and edited by Don Martindale and Gertrud Neuwirth. Nova York: The Free Press, 1966.

ARTIGOS E TESES

ADAMO, Samuel. "The Broken Promise: Race, Health and Justice in Rio de Janeiro, 1890-1940". Tese de Doutorado. Universidade do Novo México, 1983.
ALMEIDA, Pedro Tavares de. "Comportamentos eleitorais em Lisboa (1878-1900)". *Análise Social*. XXI (1): 111-52, 1985.
BASTOS, Ana Marta Rodrigues. "O Conselho de Intendência Municipal: Auto-

nomia e instabilidade 1889-1892". Trabalho apresentado no Seminário Rio Republicano. FCRB, 1984.

BENCHIMOL, Jaime Larry. "Pereira Passos — Um Haussmann tropical; as transformações urbanas na cidade do Rio de Janeiro no início do século XX". Tese de Mestrado. Universidade Federal do Rio de Janeiro, 1982.

BERGSTRESSER, Rebeca Baird. "The Movement for the Abolition of Slavery in Rio de Janeiro, Brazil, 1880-1889". Tese de Doutorado. Universidade de Stanford, 1973.

BRETAS, Marcos Luiz. "Policiar a cidade republicana". *Revista OAB-RJ.* 22: 47-60, jul. 1985.

CANDIDO, Antonio. "A dialética da malandragem". *Revista do Instituto de Estudos Brasileiros.* 8: 67-89, 1970.

CARVALHO, Elysio de. "O movimento anarquista no Brasil". *Kultur, 1:* 2 e 3.3.1904, e 3: 22/23/24.8.1904.

CARVALHO, José Murilo de. "A cidade e a política: Um exame da literatura brasileira". Trabalho apresentado nas Jornadas Argentino-Brasileiras de História Social Urbana. Buenos Aires, set. 1985.

_____. "As Forças Armadas na Primeira República: O Poder Desestabilizador". *História geral da civilização brasileira. O Brasil republicano.* 1977. t. III, v. 2, pp. 180-234.

CARVALHO, Maria Alice Rezende de. "Cidade e fábrica. A construção do mundo do trabalho na sociedade brasileira". Tese de Mestrado. Unicamp, 1983.

_____. "Letras, sociedade e política: Imagens do Rio de Janeiro". *Boletim de Informações Bibliográficas (BIB),* n. 20, 1986.

CONNIFF, Michael L. "Voluntary Associations in Rio, 1870-1945: A new Approach to Urban Social Dynamics". *Jr. of Interamerican Studies. 17* (1): 64-81, Feb. 1975.

COSTA, Nilson do Rosário. "Estado e políticas de saúde pública (1889-1930)". Tese de Mestrado. Iuperj, 1983.

DAVIS, Natalie Zemon. "The Rites of Violence: Religious Riot in Sixteenth-Century France". *Past and Present. 59:* 51-91, May 1973.

FARINHA NETO, Oscar. "Atuação libertária no Brasil — A Federação Anarcossindicalista". Tese de Mestrado. Iuperj, 1985.

GOMES, Ângela Maria de Castro. "A hora e a vez dos trabalhadores? República e socialismo na virada do século XIX". Mimeo, 1984.

_____. *Burguesia e trabalho. Política e legislação social no Brasil, 1917-1937.* Rio de Janeiro: Campus, 1979.

HAHNER, June. "Jacobinos versus Galegos: Urban Radicals versus Portuguese Immigrants in Rio de Janeiro in the 1890's". *Journal of Interamerican Studies and World Affairs, 18* (2): 125-54, May 1976.

GRAHAM, Sandra Lauderdale. "The Vintem Riot and Political Culture: Rio de Janeiro, 1880". *Hispanic American Historical Review*, 60 (3): 431-49, Aug. 1980.

KARASCH, Mary. "Rio de Janeiro: From Colonial Town to Imperial Capital (1808--1850)". In: ROSS, R. & TELKAMP, G.J., orgs. *Colonial Cities: Essays on Urbanization in a Colonial Context*. Haia: 1984. pp. 123-51.

KEREMITSIS, Eileen. "The Early Industrial Worker in Rio de Janeiro, 1870-1930". Tese de Doutorado. Universidade de Columbia, 1982.

LAMARÃO, Sérgio. "Os trapiches do porto: Uma contribuição ao estudo da produção da área portuária do Rio de Janeiro". Tese de Mestrado. Universidade Federal do Rio de Janeiro, 1984.

LEMOS, Miguel & MENDES, R. Teixeira. "Razões contra a Lei da Grande Naturalização". In: *Annaes do Congresso Constituinte da República*. 2ª ed. Rio de Janeiro: Imprensa Nacional, 1924. v. I, pp. 493-505.

LISBOA, Alfredo. "A Avenida Central". *Kosmos*, Anno I, *11*, nov. 1904.

_____. "Obras do porto do Rio de Janeiro". *Kosmos*, Anno I, 2, fev. 1904.

LOVE, Joseph L. "Political Participation in Brazil, 1881-1969". *Luzo-Brazilian Review*, VII (2): 3-24, Dec. 1970.

MENDES, R. Teixeira. *A incorporação do proletariado na sociedade moderna*. Rio de Janeiro: Igreja e Apostolado Positivista do Brasil, n. 77, jul. 1908.

_____. *A política republicana e a tirania vacinista*. Rio de Janeiro: Igreja e Apostolado Positivista do Brasil, 1908.

_____. *A liberdade espiritual e a vacinação obrigatória*. Rio de Janeiro: Centro Positivista do Brasil, 1888.

MENDONÇA, M. Curvelo de. "O movimento socialista no Brasil". *Almanaque Brasileiro Garnier* (1905), pp. 210-3.

NACHMAN, Robert G. "Positivism and Revolution in Brasil's First Republic: the 1904 Revolt". *The Americas XXXIV* (1): 20-39, July 1977.

NEEDELL, Jeffrey D. "Rio de Janeiro at the Turn of the Century. Modernization and the Parisian Ideal". *Journal of Interamerican Studies and World Affairs*, 25 (1): 83-103, 1983.

_____. "Popular Response to Reform: the So-Called *Revolta Contra Vacina* of 1904". Trabalho apresentado no XII Congresso Internacional da LASA, Albuquerque, Novo México, abr. 1985.

PADILHA, Sylvia Fernandes. "As condições de vida na cidade do Rio de Janeiro, 1889-1906: Resultados preliminares". FCRB, 1984.

PÁDUA, José Augusto Valladares. "A capital, a República e o sonho: A experiência dos partidos operários de 1890". *Dados — Revista de Ciências Sociais*, 28 (2): 163-92, 1985.

PECHMAN, Sérgio & FRITSCH, Liliam. "A reforma urbana e seu avesso: Algumas considerações a propósito da modernização do Distrito Federal na virada do século". *Revista Brasileira de História*, 5 (8/9): 139-195, set. 1984/abr. 1985.

PESCATELLO, Ann Marie. "Both ends of the Journey: an Historical Study of Migration and Change in Brazil and Portugal, 1889-1914". Tese de Doutorado. Universidade da Califórnia, Los Angeles, 1970.

PINKNEY, David H. "The Revolutionary Crowd in Paris in the 1830's". *Journal of Social History*, 5 (4): 512-20, Summer 1972.

_____. "The Crowd in the French Revolution of 1830". *American Historical Review*, LXX (1): 1-17, Oct. 1964.

PORTO, Angela de Araújo. "Artimanhas de Esculápio: Crença ou ciência no saber médico". Tese de Mestrado. Universidade Federal Fluminense, 1985.

RIOS FILHO, Adolfo Morales de los. "O Rio de Janeiro da Primeira República". RIHGB. *272*: 3-200, 1966; *273*: 3-116, 1966; *274*: 3-86, 1967.

ROCHA, Oswaldo Porto. "A Era das Demolições. Cidade do Rio de Janeiro: 1870--1920". Tese de Mestrado. Universidade Federal Fluminense, 1983.

ROUGERIE, J. "Composition d'une population insurgée. L'exemple de la Commune". *Le Mouvement Social*, 48: 31-47, juil.-sept. 1964.

SABATO, Hilda. "La Formación del Mercado de Trabajo en Buenos Aires, 1850--1880". *Desarrolo Económico*, 24 (96), enero-marzo 1985.

SALES, Alberto. "Balanço político — Necessidade de uma reforma constitucional". *O Estado de S. Paulo*, 18 e 26.7.1905.

SCHULZ, John H. "The Brazilian Army in Politics, 1850-1894". Tese de Doutorado. Universidade de Princeton, 1973.

SILVA, Eduardo. "As queixas do povo. Massas despolitizadas e consolidação da República". FCRB, mimeo, 1984.

THOMPSON, E.P. "The Moral Economy of the English Crowd in the Eighteenth Century". *Past and Present*, 50: 76-136, feb. 1971.

TILLY, Charles & LEES, Lynn. "Le Peuple de Juin. 1848". *Annales ESC*, 29e année, 5: 1061-91, sept.-oct. 1974.

WALDMAN, Martin R. "The Revolutionary as Criminal in 19th Century France: A Study of the Communards and Deportés". *Science and Society*, XXXVII, *1*: 31-55, Spring 1973.

Índice remissivo

abolição da escravidão, 16, 19, 28-9, 41, 145
Alencar, José de, 134
alma encantadora das ruas, A (João do Rio), 75
Almeida, Manuel Antônio de, 26
Amelot de Chaillou, conde, 64
anarquismo, 10, 23-5, 35-6, 40, 53-61, 104, 107, 116, 122, 132, 135, 150, 160n22, 170n39-40, 172n1
antimilitarismo, 59
Assis Brasil, José de, 76
Azevedo, Aluísio, 37
Azevedo, Artur, 21, 26, 148, 175n23

Barata Ribeiro, 29, 33-4, 37-8, 120, 125, 159n11
Barbosa Lima, 92, 97, 120, 124, 160n19
Barbosa, Rui, 29, 42, 61, 109, 159n11
Beiço de Prata, informante, 105
Bilac, Olavo, 25, 109, 162n4
Bilontra, O, peça teatral, 148

Bittencourt, Edmundo, 92, 121
Blondel, Camile, 64
Bocaiuva, Quintino, 32, 147
Bota-Abaixo, O (Vieira), 124
Bruzundangas, Os (Barreto), 83

Cabeça de Porco, cortiço do Rio, 29, 37
cadeia velha, A (Vieira), 84
Campos Sales, Manuel Ferraz de, 13, 21, 31, 38, 51, 62, 68, 77, 88, 122
Canudos, guerra de, 23
capoeiras, malandros de rua cariocas, 18, 23, 27-9, 34, 39, 68, 83, 121, 131, 134, 146, 153-4, 165n32, 169n25
Cardoso de Castro, 98, 101-2, 105, 109-10, 114, 126, 148
Careta, revista, 85
Carvalho, Elysio de, 54
Carvalho, José Carlos de, 50
Castilhos, Júlio de, 92
Centro das Classes Operárias, 93-8,

106, 108, 110, 112-3, 115-7, 124, 129-30, 170n37, 170n40
Cerqueira, Dionísio, 68
cidadania, 10, 12-3, 40-8, 51-3, 56-63, 66, 70, 80, 84, 131, 143, 151-4; definição, 57
cidadãos inativos, 63-86; *ver também* estadania
Cidade do Rio, A, jornal, 27
Cohen, Jayme, 96
Commercio do Brazil, O, jornal, 92
Comte, Auguste, 46, 51, 59, 93, 142, 149, 161n35
Confederação Operária Brasileira, 54, 59
Congresso Liberal (1889), 42
Congresso Operário (1912), 56
Congresso Socialista (1892), 52
Conniff, M., 135
Constant, Benjamin, 44, 46, 50, 61-2, 120
Constituição de 1824, 41
Constituição de 1891, 41-3
Cooley, Charles, 57
Correio da Manhã, 92-101, 108, 117, 121, 124-5
cortiço, O (Azevedo), 37
Costa Mendes, 77, 121
Costallat, Bibiano, 102
Couty, Louis, 10, 63, 65, 86, 132
Cruz, Oswaldo, 89, 91, 94-5, 97, 124, 148, 171n50
Cruzeiro, O, revista, 149
cultura ibérica *versus* anglo-saxônica, 140-3
Cunha, Euclides da, 38, 105

d'Eu, conde, 29
Demolins, Edmund, 141
Dent, Charles, 134

Deodoro, navio, 105
Despertar, O, jornal, 53
Dumont, Louis, 140
Durkheim, Émile, 57

Echo Popular, jornal, 12, 52, 160n18
Emancipação, jornal, 130
Encilhamento, O (Taunay), 19
Espejo de Próspero, El (Morse), 140
estadania *versus* cidadania, 47, 52-3, 61, 146
Ewbank, Thomas, 133

Falcão, Aníbal, 44, 142
Fávila Nunes, 11
Federação das Associações de Classe, 54, 113, 115, 117
Fernando de Noronha, 23, 68, 169n25
"ficção da soberania popular, A", artigo na revista *Careta*, 85
florianistas, 23, 29, 33, 47, 60, 67, 70, 76, 92, 120
Fonseca, Deodoro da, 27, 50-1, 62, 69
Fonseca, Hermes da, 56, 58, 92, 102
Fórmula da civilização brasileira (Falcão), 142
França e Silva, Luiz da, 12, 50, 52, 55, 117, 160n18
Frontin, Paulo de, 89, 122-3

Gama, Luís, 44
Garcia, Mariano, 56, 160n21
Gazeta Operária, 56
Glicério, Francisco, 62
Gomes de Castro, 102
Guanabara, Alcindo, 56
Guarda Negra, 23, 29, 146
Guimarães Passos, 25

Igreja Positivista, 24

individualismo, 53-4, 140-2, 173
Isabel, princesa, 28

jacobinismo, 21, 23, 25, 31, 35, 60, 66-9, 75, 85, 120, 137
Jornal do Commercio, 28, 65, 97-100, 104, 106

Lacerda, Gustavo de, 52
Le Bon, Gustave, 69
Lei Adolfo Gordo (1907), 58
Lei da Naturalização (1890), 77, 79
Lei de Sociedades Anônimas (1882), 41
Lei de Terras (1850), 41
Leite de Castro, 102
liberalismo, 24, 40-3, 47, 53, 57, 61, 67, 108, 128, 133, 140-5, 152-3
Liga Antimilitarista Brasileira, 59
Liga contra a Vacina Obrigatória, 95-6, 116
Lima Barreto, Afonso Henriques de, 29, 36, 38, 83, 157n16
Lobo, Aristides, 9, 65-6, 132
Locke, John, 45
Lopes Trovão, 11, 24, 44, 121, 126
Lucíola (Alencar), 134
Lucrécio Barba de Bode, personagem, 84
Luz, Fábio, 54

Mallet, Pardal, 25
Manduca Pivete, 105-6
Manifesto do Centro Socialista aos operários e proletários, 53
Marselhesa, 11, 44, 158n5
Matosinhos, visconde de, 146
Mauá, Visconde de, 142
Memórias de um sargento de milícias (Almeida), 26, 148

Mill, John Stuart, 42
Moraes, Evaristo de, 18, 24, 52-6
Morais, Prudente de, 21, 23, 67
Moreira, Alfredo, 147
Morse, Richard, 140-1, 145
Mota Assunção, 54
Mota, Benjamin, 54-5
movimento abolicionista, 25
Müller, Lauro, 115
Murat, Luís, 25
Murtinho, Joaquim, 88, 142, 147, 167n4

Notícia, A, 94, 95
Novo Rumo, jornal, 54, 56
Numa e a ninfa (Barreto), 83, 165n32

Ottoni, Teófilo, 142
Ouro Preto, visconde de, 29

Paço d'Arcos, 68
Paiz, O, jornal, 32, 94-7, 103-8, 124, 146
Partido dos Operários, 51
Partido Operário do Brasil, 52
Partido Operário Socialista, 53
Partido Republicano, 13, 44-5, 85
Partido Socialista Coletivista, 53
Partido Socialista Operário, 52
pátria, 56-8; definição, 57; positivismo e, 59
pátria paulista, A (Sales), 45
Patrocínio, José do, 25, 27, 29, 121
Pedro II, imperador, 28, 69
Peixoto, Floriano, 21, 23, 25, 27, 35, 62, 69-70, 120
Pequena África da Saúde, 37, 39
Pereira de Souza, Belisário, 106
Pereira Passos, Francisco, 33-4, 38, 89-90, 122-3
Pimenta Bueno, 42, 46

Pinto de Andrade, 84, 102, 107, 165n34
Pinto Machado, 55
Piragibe, Antonio Carlos, 97, 102
Pirenne, Henri, 57
Pompeia, Raul, 25, 28, 41, 47-8, 65, 69, 75-6, 86, 132-4, 162n4
Porto Artur, barricadas de, 39, 104, 168n21
Porto, Sérgio, 24
positivismo, 13, 24, 34, 40, 44-6, 49, 51, 59, 61, 92, 125, 128, 130, 142, 149, 152, 159-60n17
Prata Preta *ver* Horácio José da Silva
príncipe Obá, 28
proclamação da República, 9, 12-3, 16, 21, 25, 28-9, 44, 48-9, 64-5, 145; desinteresse popular, 9, 64-7, 132-3; instabilidade política nos primeiros anos, 30-5

Rama, Angel, 149
Rebouças, André, 142
Reis, José Elísio dos, 146
Revolta da Armada (1893), 67-8, 79
Revolta da Vacina (1904), 13, 30, 34, 68, 84, 86, 87-131, 148, 162n4; apoio de associações, 113; cobertura da imprensa, 108; como movimento fragmentado, 118, 130; comparada com outras revoltas, 119; contagem de presos, mortos e feridos, 99, 103, 106-7, 111-2; contexto, 88-90; diferentes versões, 109-10; greves anteriores, 114-5; identificação dos revoltosos, 107-13; moralismo como motivação, 124-5; motivação, 93-4, 119-31, 137; participação dos operários, 114-7; resultados, 131; violência nas ruas, 96-107

Revolta do Vintém (1880), 44, 67, 120, 126, 170n43
Revolução Francesa, 11, 24, 32, 44-5, 57, 158n5
Revolução, jornal, 11, 48-9
Rio, João do, 30, 75
Rio Branco, barão do, 29, 35, 39, 157n16
Rio de Janeiro: censo de 1890, 71-8; censo de 1906, 71, 73; como cidade desmoralizada, 149-54; comparada com São Paulo e Buenos Aires, 144-5; cortiços, 153; exposição nacional de 1908, 152; formação da cidade, 143-7; samba, futebol e carnaval, 39, 132-5, 147-9, 153
Rio de Janeiro na virada do século XX: abolição da escravidão e, 16; administração pública, 18; analfabetismo, 42, 80; associações populares, 135; comparada com outras cidades, 73, 75, 82; cortiços, 37, 76, 95; costumes, 26, 36, 38; demografia, 16-8, 71-80; economia, 19-22, 41; eleições deturpadas, 82-5; eleitores, 80-6; Estado e povo, 137-9; expulsão de imigrantes, 58; festas religiosas, 133-4; formação dos movimentos operários, 114-6; greves, 127; impostos, 20; influência francesa, 38; jogos de azar, 27; militares, 46-9; movimento operário, 49-62; movimentos populares, 68-70, 76-7, 86; partidos políticos, 85; perfil ocupacional, 17-8, 21; polícia, 37; política, 22-3, 36, 41-66, 80-6; presença de estrangeiros, 36, 75-80; protestos populares, 127; recessão econômica, 88; reforma eleitoral, 41; reformas, 38-9, 88-9; renovação política, 21; samba,

189

futebol e carnaval, 37, 39; saúde pública, 19, 89-91; tensão entre as forças armadas, 22
Rio em 1877, O, peça teatral, 26-7
Robespierre, 44
Rodrigues Alves, Francisco de Paula, 15, 33, 88, 92, 100, 102, 121, 123, 148, 152
Rodrigues, Arthur, 107
Romero, Sílvio, 141-2, 145
Rougerie, J., 118
Rousseau, Jean-Jacques, 24, 45, 57, 60-1, 141, 143, 161n35
Rudé, George, 128-9

Sales, Alberto, 24, 43, 45, 141-2, 158n4
Sampaio Ferraz, 23, 29, 68, 146, 160n19, 169n25
Santo Agostinho, 10
Sarmento, José, 53-4
Schmidt, Júlio, 113
Seabra, J. J., 94, 97-8, 100, 107, 112-3, 148
Serra, Joaquim, 24
Silva Jardim, Antônio, 11, 24, 29-30, 44-5, 82, 158n5
Silva, Eduardo, 137
Silva, Horácio José da (Prata Preta), 105, 168n22
socialismo, 24, 35, 40, 50-6, 61, 85, 117, 152, 160n21

Sodré, Lauro, 47, 92-7, 101, 120, 160n19
Soldado, O, jornal, 48-9
Souza, Vicente de, 52, 55-6, 94-7, 102, 105, 107, 109, 115-7, 120, 124, 130, 160n21, 170n40
Spencer, Herbert, 24, 43, 57
Stirner, Max, 54

Taunay, visconde de, 19, 26, 40
Tavares Bastos, 142
Tavares, Jansen, 94-5
Teixeira Brandão, João Carlos, 95, 98
Teixeira Mendes, 50, 59
Tönnies, Ferdinand, 56
Travassos, general Silvestre, 101
Tribofe, O, peça teatral, 21, 27, 148, 175n23
Tribuna, A, 105

União do Povo, jornal, 49

Varela, Alfredo, 92, 97, 102, 107, 120
Vasco, Neno, 54, 160n22
Viana Moog, Clodomir, 26
Vieira, José, 84, 109, 124
Vinhaes, José Augusto, 50-1, 77, 81, 121, 160n18
Voz do Povo, jornal, 11, 160n19
Voz do Trabalhador, A, jornal, 54, 59

Weber, Max, 139, 140, 143-4

1ª EDIÇÃO [1987]
2ª EDIÇÃO [1987]
3ª EDIÇÃO [1987] 25 reimpressões
4ª EDIÇÃO [2019] 3 reimpressões

ESTA OBRA FOI COMPOSTA PELA PÁGINA VIVA EM MINION
E IMPRESSA EM OFSETE PELA LIS GRÁFICA SOBRE PAPEL ALTA ALVURA
DA SUZANO S.A. PARA A EDITORA SCHWARCZ EM NOVEMBRO DE 2023

A marca FSC® é a garantia de que a madeira utilizada na fabricação do papel deste livro provém de florestas que foram gerenciadas de maneira ambientalmente correta, socialmente justa e economicamente viável, além de outras fontes de origem controlada.